本书是河北省教育科学规划办立项的“十三五”规划2016年年度课题——“‘补充联想法’在小学作文教学中的应用及策略研究”的课题成果，课题编号为1604032。

为文字插上翅膀

作文应该这样写

张晓东　主编

课题组成员

主编：张晓东
成员：刘宝亮　李伟华　孙兰平　郑红彦
王丽峰　刘　颖　张　瑜

河北大学出版社
·保定·

WEI WENZI CHASHANG CHIBANG
ZUOWEN YINGGAI ZHEYANG XIE

为文字插上翅膀

作文应该这样写

选题策划：杨显硕

责任编辑：韩立霞

装帧设计：张彦琪

责任校对：刘文娜

责任印制：闻　利

图书在版编目（CIP）数据

为文字插上翅膀 ：作文应该这样写 / 张晓东主编
. -- 保定 ：河北大学出版社，2020.8
ISBN 978-7-5666-1678-4

Ⅰ. ①为… Ⅱ. ①张… Ⅲ. ①作文课－小学－教学参考资料 Ⅳ. ① G624.243

中国版本图书馆 CIP 数据核字（2020）第 148703 号

出版发行：河北大学出版社

地址：河北省保定市七一东路 2666 号　邮编：071000

电话：0312-5073033　0312-5073029

邮箱：hbdxcbs818@163.com　网址：www.hbdxcbs.com

经　　销：全国新华书店

印　　刷：保定市文昌印刷有限公司

幅面尺寸：170 mm × 240 mm

印　　张：12.5

字　　数：180 千字

版　　次：2020 年 8 月第 1 版

印　　次：2020 年 8 月第 1 次印刷

书　　号：ISBN 978-7-5666-1678-4

定　　价：32.00 元

写在前面的话

写作教学，尤其是写作教学的应用，在整个语文教学当中占据着举足轻重的地位。许多业内人士曾有这样的感慨，赢得语文教学就会赢得高考，作文教学又一直是语文教学中不可撼动的重点，所以说，赢得作文教学就会赢得语文教学，从而赢得教学质量的全面提升。

小学语文的重要性不言而喻，小学生又处在语言发展的黄金期，抓好小学作文教学就在很大程度上抓住了整个语文教学的根本。

我曾在全县范围内走访、座谈、调研，发现大部分学校很少有作文教学的公开课、展示课，作文教学几乎成了盲区。尤其是在广大农村地区，孩子们的作文试卷存在着大量的相同材料的作文，作文教学的少、慢、差、费现象尤其严重。

现实教学中，小学生的作文教学一直都被教师回避着，抄范文、背范文现象还时有发生。孩子们的语言天赋一直未被开发，童心、童趣一直未被唤醒。

"补充联想法"正是在这种环境下应运而生的。课题组成员在雄县青少年校外活动中心、雄县第一小学、雄县第二小学、雄县第三小学、小步村小学、刘家铺小学、韩庄小学等教学场所多年的实践证明，孩子接触"补充联想法"一周后，学习作文的兴趣大增；一个月后，作文水平明显提升；一学期后，实现了教师作文教学从自发到自觉的转变，学生由惧怕作文到想写作文再到热爱作文的转变，从而从根本上杜绝了流水账作文和假大空作文。

"补充联想法"就是在课堂上调动学生的多种感官来感知事物，让儿童对事物的颜色、气味、声音、形状等方面，多方位、多角度地进行语言文字补充，对事物展开充分的联想，全方位、立体地展示事物，于细微处落墨，使孩子们的语言有声、有情、有味，作文充满童真、童心、童趣。

“补充”就是对观察到的事物的颜色、气味、声音、形状等方面进行多方位、多角度的语言文字补充，使语言更加形象具体。补充要根据具体事物来定，有的只补充一样，有的要补充多样。

“联想”就是要儿童多角度展开联想。这是重点，因为联想和想象是创造的不竭动力和源泉。要让孩子把储存在大脑中的动画片、寓言、童话以及绘本中的故事或片段迁移嫁接到其所写的事物中，适时、适当地把古诗词、名人名言引用到文中，使文章灵动起来，长出飞翔的翅膀。想象要合理，要出乎意料又在情理之中，要奇思妙想不要胡思乱想，要与众不同不要千篇一律。

孩子们还可把自己写的作文随手涂鸦成漫画、儿童画等进行再创作，也可对自己的文章深情地吟咏。同时，在写作的审题、结构、顺序等方面也可以尝试使用“补充联想法”。

“补充联想法”在作文教学的应用研究就是要从根本上解决教师在作文教学中的少、慢、差、费现象和学生在作文写作中无话可说的尴尬现象，使教师在作文教学中有章可循，学生在文字游戏中快乐地掌握语言运用和作文写作方法。

“问渠那得清如许？为有源头活水来。”学生要在课外选择大量的自己喜欢的文学作品、科普作品、童话作品进行阅读，为写作注入源源不断的活水；在课堂上，进行阅读“漂流瓶”活动，把自己的体悟以及疑问进行交流探讨，碰撞出思想火花。教师要引导学生把阅读数量、体会计入阅读存折；定期开展作文朗读比赛、阅读体会以及讲故事比赛，检验学生语言掌握的情况。

“补充联想法”本质上就是放开学生的手脚，让孩子们无拘无束地表达，就是要求我们教师真正走进孩子们的世界，感受童心童趣，和孩子们的心一起跳跃。我们的心和孩子们的心融合在一起，便有了无限乐趣。捡拾起这些乐趣，穿成记忆的珍珠项链，给孩子们的童年涂抹上斑斓的色彩——这就是我们追求的教育，这就是孩子们难忘的作文教学。

本书是课题组成员三年来在近万名学生中，运用“补充联想法”进行作文教学的课题研究成果，虽然还有些不成熟之处，但足以说明“补充联想法”旺盛的生命力。我们的课题研究将不会停歇，前进的脚步必将在作文教学这个舞台上绽放出更加绚烂的花朵。

本书从方法策略和习作点评两个方面，阐述了“补充联想法”在小学作文教学中的应用及策略研究。方法策略重在举例子，讲方法，谈体会。习作点评按照年级顺序，重在讲思路，谈写作方法。

感谢课题组成员的辛勤付出，感谢领导的大力支持，感谢教师和家长们的积极参与，感谢孩子们的开心写作，感谢出版社老师们的全力帮助。限于我们的水平，本书肯定存在缺点和不足，欢迎大家对本书提出批评和建议，以便我们改正不足，更好地抓好作文教学。

张晓东

2020 年 7 月

目　　录

方法策略篇

习作点评篇

方法策略篇

"补充联想法"在小学作文教学中的应用

——一个"玩儿火"玩儿出来的课题

雄县教育局 张晓东

"玩儿火"能玩儿出来课题？还真能，那是学生在写一次玩儿火作文后成型的，而课题的雏形却源于一次学生作文比赛。

一、课题的雏形

"补充联想法"最初起源于2015年暑假的一次作文课。在这次作文课辅导班里有一个小男孩叫田金龙，八岁，当时上二年级，虎头虎脑的，忽闪着一双水汪汪的大眼睛，正当换牙，说话奶声奶气的，挺招人喜欢。在一次课中，田金龙站了起来，说老师我观察了天空中的云彩，我想写一写云。

我说你看到的云是什么颜色的？你在哪里看到的？什么时间看到的？它像什么？你能按照老师的提示写一写吗？

不大一会儿，田金龙写完了，从他那稚嫩的文字中我读懂了他的思维过程。他是这样写的——

早晨，淡蓝的天空中飘着几朵洁白的云，它们多像一朵朵棉花糖呀！我真想长一双翅膀，飞到天空中，摘下一朵，给我的弟弟尝一尝，它是不是甜的呢？

好强的想象力呀！看来儿童的想象力大得不可想象，我们老师就要因势利导，保护孩子的好奇心和想象力。课后，我一直在想，他的写作过程是那么的清晰，那么的有章可循，提炼一下，能不能给其他孩子一些启示呢？于是，我给这种写作方法起了一个名字——补充联想法。

二、课题的成形

课题的成形来自于我在雄县青少年校外活动中心的一堂作文课。

周六，我照例来到雄县青少年校外活动中心上阅读写作课。路上，我边走边想，一定要让学生有话可说、有话可写，绝不能让学生闭门造车。

到了学校，我直奔主题，问同学们，你最喜欢做什么？同学们的思维立马活跃起来。

“我最喜欢跳舞。”

“我最喜欢唱歌。”

“我最喜欢玩儿电脑游戏。”

“我最喜欢看电视。”

……

突然一个刚上二年级的小男孩胡天成站了起来，说：“我喜欢玩儿，最不喜欢写作业。”

“哦，”我不紧不慢地问，“喜欢玩儿什么？为什么不喜欢写作业？”

那个小男孩继续说：“作业都是组词、做四则题，真没意思。玩儿就不一样了，有趣呀！”

“玩儿什么呀？”

“玩儿火呀！”

我心想，这捣乱的胡天成啊，你这是要诚心不让老师好好上课啊。但很快我就沉下心来，吃惊地问：“能说说怎么有趣吗？”

“老师，先保密。我还是先写，最后再读给您听，好吗？”

多年的经验告诉我，要让孩子敢说话，敢说真话，不设任何条件，写出真实的作文，于是我毫不犹豫地笑着答应他：“好的，老师期待着你的佳作。”

不大的工夫，一篇名为《我喜欢玩儿火》的作文就写完了。

请看——

我最喜欢玩儿火了，而且是从一出生开始。

有一次，我把一个没有用的纸箱子点着了，我想看看火是什么样子的。只看见箱子吐着红红的火苗，像长长的舌头。我想，长长的舌头下面一定藏着什么奥秘。我看得正着迷时，火苗熄灭了。

还有一次，我在姥姥家的空地上，又一次点燃了一堆纸，开始观察火苗，还没等看明白，就被妈妈发现了。妈妈劈头盖脸地说了我一顿。

我和妈妈说，我在想，长长的火苗舌头下面，一定藏着什么奥秘，我只是想弄明白火苗的秘密。

我带头鼓起了掌，说："同学们，胡天成同学的作文写得真棒！玩儿也能玩儿出花样，这火玩儿得有水平，只不过要注意安全，一定要有家长在场，或在实验室里，在教师的指导下观察，那就更好了。"

以往被老师当作淘气鬼的胡天成，那高兴劲儿就别提了。

怎么想就怎么说，怎么说就怎么写；用自由之笔，写真实自我；善待孩子的异想天开，让孩子充分表述完自己的想法。这些做法不能只停留在口头上，更重要的是要扎扎实实地落实在作文教学的应用上。

真庆幸让孩子充分表达了自己真实的想法。否则，把他想成麻烦的制造者，加以训斥，只会让孩子的心灵受到伤害。

课后，我陷入了深思——田金龙和胡天成两名同学给了我太多的启示，我决定要在作文教学上做点什么，帮助孩子们提高作文兴趣和水平。

在充分调研和实践的基础上我把"补充联想法"定义为——

"补充联想法"就是在课堂上调动学生的多种感官来感知事物，让儿童对事物的颜色、气味、声音、形状等方面，多方位、多角度地进行语言文字补充，对事物展开充分的联想，全方位、立体地展示事物，于细微处落墨，使孩子们的语言有声、有情、有味，作文充满童真、童心、童趣。

"补充"就是对观察到的事物的颜色、气味、声音、形状等方面进行多方位、多角度的语言文字补充，使语言更加形象具体。补充要根据具体事物来定，有的只补充一样，有的要补充多样。

"联想"就是要儿童多角度展开联想。这是重点，因为联想和想象是创造的不竭动力和源泉。要让孩子把储存在大脑中的动画片、寓言、童话以及绘本中的故事或片段迁移嫁接到其所写的事物中，适时、适当地把古诗词、名人名言引用到文中，使文章灵动起来，长出飞翔的翅膀。想象要合理，要出乎意料又在情理之中，要奇思妙想不要胡思乱想，要与众不同不要千篇一律。

这样，经过县、市、省层层筛选，"'补充联想法'在小学作文教学中的应用及策略研究"被河北省教育科学规划办立项为"十三五"规划2016年年度课题，课题编号为1604032。

三、课题的几点遵循

1. 学着写有温度的文字

文字有了温度，文章就有了生命、有了情感，就能感染人、打动人。别低估了孩子，孩子的情感的细腻程度从不比成人差。"补充联想法"要求老师在语言、神态、动作的引导启发上做足文章，从细节着手，于细微处落墨。

李佳奕，小名唱唱，是一个秀气的小男孩儿，现在上初中一年级。他五年级时跟我在雄县青少年校外活动中心学写作文，在小学毕业后的暑假里用"补充联想法"还写了四章小说。十月份的一天，佳奕的妈妈让我给佳奕批阅一篇题为《鸟》的作文。

"每只鸟呀，都是一只精灵，等到春天的时候就变成人，下来帮助别人……"

听着祖姥姥讲这些故事，就没有心思再往下听了，想着那鸟变成人的故事，双眼就直勾勾地盯着祖姥姥，心里忽地一惊，心想：祖姥姥会不会是鸟变的呢？不然怎么会知道这么多关于鸟的事儿。

我心里藏不住事儿，便问祖姥姥："太太，您是不是鸟变的？""傻孩子，说个故事，咋还当了真了。"祖姥姥笑着说。

我努着嘴，依旧把下巴托在手掌上，心里想，太太肯定是鸟变的，她只是不会说出来而已，就像童话里的精灵被人看见或发现了就会离开一样。"太太是鸟变的"这个小秘密，一直装在我心里。想着想着，我就会不自觉地咧开嘴笑。

“走，唱唱，咱们吃焖面去。”太太颤颤巍巍地从床上挪下来，拍了我一下。我被拍醒了，只听见“焖面”这两个字。一顿焖面我吃了两大碗，肚子撑撑的，眼睛还直勾勾地看着碗里的面。太太总说我像那只来偷嘴吃的大花猫。

上六年级了，由于某种原因不能经常看到太太了，这是我从妈妈跟姥姥的对话中得知的。临回家时，太太拉着我的手说：“唱唱，多想想太太，有时间多过来看看太太。”

太太走得是悄无声息的，就像鸟儿一样，慢慢地老去，不为人知。传说精灵不是不会死吗？太太是鸟精灵，应该不会死，可太太的确是走了。小的时候，不知道什么是死亡，只知道伤心，只知道哭。

转眼，春天又到了，鸟儿又叫了，树上鸟儿成群结队的，和往常一样，只是没人再喊上一句：“唱唱，来院子里看鸟哟！”

太太总是习惯“唱唱、唱唱”地叫我，而我也总爱唤上她一句“太太”，她总是笑着满口答应着。

春风里，满院的鸟儿在叫，唱唱听见了，太太，您听见了吗？

好有温度的文字，你看那细节描写，你看那情感，就像一汪清泉，汩汩地流，流到读者的心田。我的眼里有了泪滴，这就是“补充联想法”的神奇之处，这就是文学的力量。

2. 为文字插上飞翔的翅膀

孩子的童年离不开诗歌，因为诗歌是想象的艺术。让孩子枕着诗歌入梦是一件很惬意的事。著名诗人金波说过，培养儿童热爱母语的思想感情，最好是从读诗开始；享受语言美，最好从读诗、写诗开始。

读诗、写诗正是锻炼孩子想象力的最佳方法，有了想象力就等于给文字插上了翅膀。用“补充联想法”写作文正好可以激发孩子的想象力。

李祎灿，一个有梦想的六年级女孩，五年级时跟我学用“补充联想法”写作文，尤其在仿写诗歌上，非常有心得。

请看李袆灿同学写的《元宵里裹着什么》：

元宵里裹着什么
蜜蜂说
里面裹着芬芳的花香
咬开它
就走进了花的天堂

元宵里裹着什么
珊瑚说
里面裹着海浪跳舞的音乐
咬开它
就走进了美丽的海洋

元宵里裹着什么
留守儿童说
里面裹着远方
咬开它
就走到了父母的身旁

怎么样？我们的孩子，每次在写作文前，都要抄上一段童诗并背诵下来，这就像春蚕吃桑叶一样，积累到一定程度，就能吐出丝来。孩子抄诗、背诗，不仅积累了知识，还丰富了想象力。

3. 纸上得来终觉浅

“纸上得来终觉浅，绝知此事要躬行。”孩子对大自然充满了好奇，教师把孩子引向大自然，让孩子在大自然中仔细观察，一定会有意想不到的效果。“补充联想法”的核心要义就是要孩子亲密接触自然，调动多种感官丰富发展语言。

每年春天，县政府广场的十来亩玉兰花依次开放，成为花的海洋，吸引成千上万的民众前来观赏。我抓住时机，组织雄县青少年校外活动中心写作班的学生分两次去政府广场观察玉兰花。

王思琪，雄县第一小学五年级的学生，一个有梦想和激情的阳光女孩，悟性很高，学习用“补充联想法”写作文半年后，已经运用得纯熟自然。请看她写的《玉兰花开》：

春姑娘迈着轻盈的脚步来了，轻到我都没有发现她。直到发现玉兰花爬上了枝头，我才感觉到春天真的来了。

广场上，远远望去，一片白色，如天边的云彩一般纯洁。在白色里，隐隐约约可以看到一些粉红色的影子，莫非是春姑娘从白玉兰中穿梭时，留下的一个美好的背影？

哦！定睛一看，那是一株粉红色的玉兰！在白玉兰的簇拥下，粉红色的玉兰是那么耀眼，有些鹤立鸡群的感觉，更有一种别样的婀娜多姿！粉红的玉兰宛如天边的晚霞。咦！这会不会是小鸟从天边衔来的火烧云把它染成的呢？不对不对，应该是她偷了杨贵妃的胭脂，偷偷涂抹上的吧，要不怎会如此妖娆呢？

白玉兰有点急不可耐了，向我摇曳着白雪般的花瓣，似乎是在呼唤我！白玉兰，你是刚刚从雪山旅行回来吗？要不然你怎么会穿上了雪花姐姐的白羽衣？

远处眺望，白色夹着粉色，粉色托着白色。你说，到底是白色衬托着粉色，还是粉色映衬着白色呢？

伴着一阵沁人心脾的清香，我被牵到了玉兰树下！咦？原来此时的玉兰树上没有一片叶子，尽是花朵！我有些不解，玉兰花，你为何不需要叶子的保护？你依靠自己努力生长，不用依靠谁的力量生存，这就是春姑娘欣赏你的原因吧？

我被一个个玉兰花的蓓蕾吸引，它们就像小鸟的尖尖的嘴，齐刷刷地冲着同一个方向。我想它们一定是在盼望着，盼望着春姑娘从南方给它们带来琼脂玉露；它们又宛如一把把小镰刀，我听到了，我听到了它们在说悄悄话。

初放的玉兰，像一个个小铃铛，在风中摇曳着。静静地站在玉兰树下，闭上眼睛，我真的好像听到了清脆的铃声。它们犹如一盏盏盛满蜜汁的夜光杯，吸引了蜜蜂与蝴蝶的光临。蜜蜂在簇拥的花朵中跳起了专属于它们的舞蹈，它是在给同伴传话："嘿，不用再找了，这里就是最美的地方！"

一只蝴蝶闻讯飞来，左飞飞，右瞅瞅，似乎在点头致意！我被这只突然闯入的蝴蝶吸引，随着它的舞动，不由地跟上前去，真的好想把它捧在手里，和它一起跳探戈！蝴蝶似乎被我惊到了，急匆匆地飞走了，真是"飞入玉兰花中无处寻！"

清香徐来，一大朵怒放的玉兰映入眼帘，它如一个大大的棉花糖插在枝头，我真的好想上前咬一口，品尝一下是不是棉花糖的味道！我又有新的发现了，玉兰花的花蕊真的与众不同呢，像一根手指饼，又像是倒立着的小蘑菇！我不禁神游太虚中，花蕊变成了太阳神的权杖，我将权杖高高举起，仿佛一切都尽在我的掌中……

"地上有一朵花，是风吹下来的吗?"妈妈的话让我回过神来。我不禁感伤：盛开过后就是凋零。玉兰花好像感应到我的情绪，摇着头说："不要悲伤，我终究要回到大地妈妈的怀抱啊！"

"落红不是无情物，化作春泥更护花！"对呀，对呀！我不会再为她悲伤，明年她一定以最美的样子重新绽放。

微风拂过树梢，蝴蝶和蜜蜂又闻香而来，而我，久久不愿离去……

这次活动，孩子们都很兴奋，他们用"补充联想法"都写出了满意的作文，家长们还在手机上给我留言，要求今后多组织这样的活动。

随后我们还组织了一次七夕卖花、一次元宵节观灯、一次东谷庄园采风、一次"六一"联欢、四次演讲比赛，都取得了满意的效果。

4. 为有源头活水来

为了保证“补充联想法”有一池活水，我们每周开展一次“头脑风暴”联想训练、一次图书“漂流”活动。

“头脑风暴”联想训练就是就一件事物或一至几个词语进行想象拓展训练，让孩子互相启发，达到打开想象力大门的目的。

如：用上“大门”“苹果”两个词语说一句联想的话。孩子们跃跃欲试，积极发言，最后形成好多有想象力的句子。

有一组孩子他们是这样说的：

我打开了苹果的大门，发现了眨着眼的星星（苹果籽），我贪婪着吮吸着苹果的香味儿，于是，我醉了，开始吟诗了。

经过一段时间这样的训练，孩子们的想象力有了大幅度的提升。

图书“漂流”活动，顾名思义，就是让图书在教室里动起来。我们的做法是，每名学生从家里拿来自己最喜欢读的五本书，编上号让其在班里漂流，每周漂流一次。在漂流过程中，每名同学可以把自己的体会、感受、问题写在书中的卡片上，还可以解答同学的问题。同学们每次漂流的感受都记录在自己的阅读本上，日积月累，何愁在作文写作中“吐不出丝来”?

陶行知老先生曾经说过，要解放学生的头脑，使他能想；要解放学生的双手，使他能干；要解放学生的眼睛，使他能看；要解放学生的嘴，使他能谈；要解放学生的空间，使他能到大自然大社会去取得丰富的学问；要解放学生的时间，不把他的功课表填满，给他一些空闲时间消化所学，并且学一点他自己渴望要学的学问，干一点他自己高兴干的事情。

现在看来，这“六个解放”高度契合作文教学中的“补充联想法”。三年来的实践已经充分证明了“补充联想法”在小学作文教学中的合理性和正确性。

综上，“补充联想法”就是充分调动孩子的眼睛（视觉）、鼻子（嗅觉）、耳朵（听觉）、手（触觉）、大脑（想象）来充分感知大自然中的事物，让孩子充分展开联想，在细处落墨——要摹其色，嗅其味，听其声，状其形，悟其意，写其趣，用自己手中的笔把自己内心真实的感受，无拘无束地写出来，就像呼吸那样自然、自由。

以上就是我对“补充联想法”在小学作文教学中的应用及策略研究的认识体会，供大家参考，若有不妥之处，还望各位老师批评指正。

让文章灵动起来

雄县教育局　张晓东

如果有人问你，你喜欢看图片，还是看视频，我想大家更喜欢看视频，那流动起来的画面，一定特招人喜欢。

可是平时在练习中，我们的一些老师只关注逻辑上的对错，却忽略了文学上的形象和灵动。

比如，有一道让填量词的语文练习题：一（　　）清泉。孩子们的答案好多是一口清泉、一眼清泉，家长和教师就觉得这是对的，没问题。但是，作为语文老师，这么做还是远远不够的。如果老师再往深里引一下，让孩子写成一股清泉、一汪清泉、一泓清泉，是不是高低上下立马可见呢？看来，语文教学还真得咂摸咂摸味道，揣摩一番。

让文章灵动起来，还有一个方法，就是要多用动词，尤其是要多用连续动词，这样会使文章活起来。请看董瑾州同学写的作文片段：

我印象最深的是骑马。我来到马场，选了一匹健硕高大的枣红马。这匹马差不多有两个孩子高，高昂着头，长长的鬃毛，修长的马尾，浑身火红，毛上泛着亮光，好威风啊！我很兴奋，可又有些胆怯。我紧紧地拽住缰绳，牢牢地踩着马镫，往上使劲儿一蹿，可算上去了。上个马都这么难，别说骑马了。还没坐利索，枣红马就在原地打转了，吓得我浑身冒汗。马主人一声呵斥，马停了下来，开始行驶在草原上。我紧握马鞍，过了好一会儿才敢慢慢地松开手，逐渐地张开双臂，欣赏着这如诗如画的草原美景。

这一段文字的动作描写是不是很流畅和连贯呢？只要今后同学们在作文中多用动词，多用连续动词，对比体会，你的作文就一定会灵动飘逸起来。

给“ta”起个好听的名字

雄县教育局　张晓东

儿童都有着非凡的想象力，都有一颗童心，我们要保护孩子的童心童趣。所以在写作文时要让孩子给“ta”起一个好听的名字。

孩子从小就沉浸在动画片、绘本、漫画中，流连其中，乐此不疲。故事中的人物大都有一个很有特色的名字，如白雪公主、青蛙王子等。我们在教孩子写作文时，第一步就要教会孩子给“ta”起一个好听的名字。

我们不能给“ta”起“张三”“李四”“王五”这样的名字，这样的名字不形象，没特点，我们记得不深刻。如何给“ta”起名字呢？大体看来，可以有以下几种方法。

一是要起成“哥哥、姐姐、弟弟、妹妹、爷爷、奶奶”等称谓的名字，比如春妹妹、云姑娘、太阳公公、柳树爷爷……这种名字让人感觉亲切。

二是要起成“公主、殿下、王子、宝贝、精灵”等名字，比如青蛙王子、白雪公主、雪花精灵……这种名字让人感觉时尚。

三是要起成“淘气包、瞌睡虫、跟屁虫、游戏迷”等名字，这样的名字很有特点，让人记忆深刻。

请看李宇轩同学的作文：

春姑娘踏着微风来了。燕子妹妹用剪刀似的尾巴剪绿了婀娜的垂柳，剪开了含羞的花苞。阳光照在嫩嫩的绿绿的叶子上，泛着光彩。纸鸢弟弟翻飞，与燕子妹妹凑趣。蜂飞蝶舞，亲吻着弱软的花蕊。轻盈的燕子妹妹用巧手点出层层涟漪，让人浮想联翩。停在柳树上的紫燕弟弟，叽叽喳喳地分享着旅途的趣事。

再看二年级田金龙同学写的《淘气的小弟弟》：

我有一个淘气包小弟弟，他叫田金铜。他生气的时候就“啊、啊……”地叫。有的时候，你问他要东西吗？他说要，然后就给你一巴掌。有时候，我正在拍球，他一下就把球踢走了。唉，真拿他没办法，我那淘气的小弟弟。

怎么样，你们学会了吗？给“ta”起个好听的名字，对写好一篇作文很重要吧。你们也赶紧用学来的方法练一练吧。

引导孩子把话说完

雄县教育局　张晓东

韩天浩是我同事的儿子，暑假后该上三年级了。

初识天浩，是在阅读写作班上。小伙子虎头虎脑的，一双大眼睛忽闪忽闪的，平头方脸，甚是招人喜欢。天浩平时不怎么说话，但是到关键时，话分外有分量，常能语出惊人。

第一次给天浩辅导作文，我说你写一件印象最深的事吧，天浩爽快地答应了，一会儿就交了上来。由于不得要领，他把旅游写成了流水账。我抚摸着天浩的头说：“旅游中你印象最深的事是什么？”

"是坐摩天轮。"

"坐摩天轮最大的感受是什么?"

"紧张。"

"怎么紧张?"

天浩打开了话匣了,"眼不敢睁,更不敢往下看,双手紧握扶手,手心冒汗,心怦怦地跳……"

我边听边赞许地点着头:"天浩,就这样写。怎么想就怎么说,怎么说就怎么写。这叫我手写我心。"

不大的工夫,一篇《我喜欢旅游》的作文就写完了,受到同学们的一致好评。

后来天浩用"补充联想法"写了《我的愿望》:

我的愿望是要养一只小兔子。小兔子长着雪白的绒毛,短短的尾巴,一双红宝石一样的眼睛,四条小短腿。最好玩的是兔子前爪捧着胡萝卜,三瓣嘴啃得津津有味,胡须一翘一翘的。我盼望它快快长大,好生一个小兔子。因为我要把它送给和我一样喜欢小兔子的樊子硕同学。

好漂亮的文章,好可爱的天浩!

给孩子体验的机会

雄县教育局　张晓东

知齐和知林是兄妹俩,知齐暑假后上八年级,知林暑假后上三年级。

认识这兄妹俩还得从今年四月份在雄县教师发展中心举办的一次"智慧家长讲座"说起。讲座结束后,我例行回答家长的提问。其他家长的问题已经记不太清楚了,只记得有个家长最后走的,谈起了她的儿子。这个家长就是知齐的妈妈，我们交流的时间不算太短，交谈的内容还历历在目。

记得五月七日的晚上，我收到知齐妈妈的一条微信，内容大意如下：

“张老师，您还记得我吗？我是那个最后走的家长。我儿子回到二中之后很高兴，又当上了班长，入了团。这次期中考试不是太理想，也在意料之中，名次还可以，577 分，班里第二名。孩子说回到二中如鱼得水，一定努力，把落下的功课补回来，期末考个好成绩。都怪我把孩子弄成这样，今后少不了麻烦您。如有机会，还想听您讲课。”

几天后的一个晚上，我和知齐在教育局见了面。知齐，高高的个子，一脸阳光。交谈中我发现，孩子很聪明，如果再从阅读方面下些功夫，孩子学习成绩、能力肯定会有提升。那天晚上，我们谈得很投机。

六月七日，我在教师发展中心讲“亲自共读共写”家庭教育讲座。我让知齐当班长，带领大家上课，带头朗读作文，让他体验参与的幸福和快乐。这次不仅知齐得到了锻炼，知林的积极性也有了明显提高。

六月八日的晚上，又接到知齐妈妈的微信：

“张老师您好！我儿子、女儿、侄女，听完您讲的课，都说挺好。特别是儿子，对您的课很感兴趣，希望有机会多听您讲课。您对他的表扬和赞赏使他增加了自信。他说在您的教导下一定把学习搞好，并且下次再听课要早去，给您当助手，帮您做些力所能及的事。真是听您一节课胜读十年书，我看见了我儿子的希望。我女儿嫉妒了，说我哥占了大便宜了，三百多人让他当班长。我说你学好了语文，张老师也让你当班长，女儿积极性高涨。再次谢谢您。”

暑假的“阅读与写作”班，兄妹俩如约而至，哥哥当《雨滴作文集》的文字编辑，妹妹在作文、朗读、书写等方面均有不同程度的进步。特别是两次朗读比赛中，兄妹俩表现出色，分获一等奖和三等奖。

知齐、知林，老师看好你们，相信你们。只要你们今后多读书、勤观察、多动笔，运用好“补充联想法”，就一定能写出好的文章。加油哟，期待你们的好消息！

让孩子体验成功的乐趣

雄县教育局 张晓东

认识董一扬，源于在北营新村举办的一次家庭教育讲座。讲座后，家长纷纷加我微信。几天后，一位叫“清心”的网友咨询“什么样的书适合孩子读?”的问题，我只是例行回答，没有引起重视。之后，关于孩子的教育问题，我们又进行了电话交流。

暑假的“阅读与写作”班，“清心”带着儿子董一扬来了。董一扬，十岁，暑假后上四年级，大大的眼睛，一闪一闪的，清瘦的脸庞，细细的胳膊，细细的腿，显得非常文静。一扬好学上进，不甘落后，在写作时得到了印证。

一开始，一扬放不开，胆小，上台后有些胆怯。经过几次鼓励，他的胆子大了，每堂课都带领大家唱《感恩的心》，边唱歌曲边手语，像模像样的。有了上台的经历，在两次作文朗读与演讲比赛中，他的表现可圈可点。进步最大的还是作文，请看《我喜欢“糯米”》：

我家有一只兔子，它叫“糯米”，我很喜欢它。

它是海棠兔，黑白相间，眼睛、耳朵、尾巴都是黑的。哎呀！它其他地方的颜色，我都记不清了。好久没见糯米了，因为我家没地方养，而且它还随地大小便，爸爸就把它送给老姨了。

送糯米的那一天，我抱着它，抚摸着它绒绒的毛，真有些不舍啊！到了老姨家，小糯米还依依不舍地张望，好像在说：“小主人，怎么不要我了。”我赶紧又把糯米抱了起来，不停地抚摸。

在爸爸不停的催促下，我才依依不舍地离开了老姨家。小糯米，我会回来看你的！

晚上，我做了一个梦，梦见小糯米又蹦蹦跳跳地来到了我身旁。我想欢呼，却怎么也发不出声，在着急时，爸爸把我推醒，说："想小糯米了吧，过几天带你看它去!"

怎么样？还不错吧。我相信，一扬终有一天会像红旗一样高高飘扬。让我们共同期待那一天的到来！

阳光女孩更阳光

雄县教育局　张晓东

记不清是哪天下午，赵敏老师带着一个小女孩来到青少年活动中心，对我说："张老师，这是李宇轩的同学李菁，我闺蜜的女儿，让她跟着听听课吧。"

李菁，瘦，高，眼睛不是很大，但是很有神，清新朴实，很有朝气。我先看了李菁一篇考试时写过的文章，总体感觉还不错。李菁的字写得不错，最擅长画画儿。当我提议编学生作文集时，她自发创作了《雨滴作文集》的封面。封面清新活泼，非常适合儿童观看，以至于被众多同学临摹，成了《雨滴作文集》的经典封面。

李菁的作文还算可以，以至于我每次看她的作文，都很少改动。虽很少改动，但我还是叮嘱李菁，如果作文想要有质的飞跃，还要多读书，多积累，多练笔。

李菁，阳光女孩，在学习的路上也会一路阳光。

善待孩子的反复

雄县教育局　张晓东

“还记得我吗？张老师，我是李思丁的妈。”电话那头声音清澈透亮，把我的思绪带到了半年前的一个早晨。

那天早晨，六点半，一对夫妇带着一个孩子来到教育局，进门后就迫不及待地问：“张老师，快给看看我的孩子——李思丁吧，孩子近期有厌学倾向。”

记得那天我们谈了很久，快该上课时他们才走。

“张老师，李思丁自打回来后，有了明显的变化，还想假期里跟您学写作文。”

李思丁，暑假后该上三年级了，一个机灵的小男孩，有些瘦小，说起话来笑眯眯的，很招人喜欢。思丁年龄小，基础有些薄弱，写字慢，认字少，字写得有些乱，刚来“阅读与写作”班时，有些吃力。经过一段时间的鼓励，他的写作兴趣渐浓。

这是他运用“补充联想法”写的作文，大家请欣赏——《美丽的四季》：

春天来了。小草探出头来了，小花开了，大树茂密起来，小鸟飞来飞去。大地鹅黄，充满生机。我喜欢春天！

夏天来了。荷叶从水中蹿了出来，青蛙在荷叶上唱歌，蜻蜓飞来飞去。最美的是雨后的彩虹，真美！我喜欢夏天！

秋天到了。树上挂满了红彤彤的苹果、黄澄澄的鸭梨，还有瞪着眼睛的紫葡萄。我喜欢秋天！

冬天到了。雪花飞舞，雪盖满了大地，树上的枝条毛茸茸的。小朋友们在雪地里玩儿得可带劲儿了！有的滑雪，有的打雪仗，有的堆雪人……

我喜欢冬天！

我爱你——美丽的四季！

怎么样？还不错吧。不过，他中间出现了反复，对作文又感到了恐惧。在一次放学后，我又对他进行了一次一对一的辅导。李思丁兴致又回来了，写的作文《我》又有血有肉了，且能举一反三了。

我们当老师和家长的，要善待孩子的反复。孩子是在反复中成长的，这就好比孩子学走路一样，不跌几跤，孩子能走稳吗？

李思丁，好样的。老师相信你，你能行，一定行！

懂事的孩子作文不会差

雄县教育局　张晓东

记不清哪一天的下午，我在青少年活动中心上课。突然有人敲门，我开门一望，门外站着母女二人，母亲三十多岁，女儿十来岁，眉清目秀的。

“您是张老师吧，从李雨萱的母亲那儿得知您在给孩子们上阅读写作课，我想让我的孩子跟您上课，请您收下，”母亲一脸诚恳地说，“豆豆，快问老师好。”

我被挚诚的母亲打动了，连忙让进了这母女俩。

后经攀谈得知，黄豆豆，涿州人，暑假后上五年级，姥姥家是雄县的。这是暑假中来姥姥家巧遇“阅读与写作”班的。

豆豆来班后，第一篇作文写的是《我的一家》，经指点，家庭成员特点鲜明，尤其是把弟弟写得活灵活现。

豆豆本来打算第二天在班里举行的朗读比赛上读这篇作文的，不料却被妈妈用洗衣机给洗了。以往会发脾气的豆豆这次表现得异常冷静，出乎妈妈的意料又重写了一遍。每每说到此，妈妈都是一脸的骄傲。

豆豆的变化不仅体现在作文上，还体现在吃饭、写字、照顾弟弟上。

豆豆该回涿州了，满是不舍。我对豆豆说：你有写作这方面的潜质，老师相信你，只要勤观察，多练笔，运用好“补充联想法”，就一定能写出好文章。

果不出所料，回涿两天后，一篇《畅游白洋淀》发在了我的微信上。文章的语言、感情、条理都让我欣喜。孩子，你太棒了！

假以时日，豆豆一定会给我们带来惊喜。豆豆，加油！

给孩子一次表现的体会

雄县教育局　张晓东

和容祥的妈妈谷东敏相识在北营新村的“做智慧家长”家庭教育讲座上。东敏热情、善良、能干，有一个上二年级的没少让她操心的儿子。她在微信中向我咨询过“孩子不爱和大人打招呼，说话时不看着对方的眼睛，怎么办？”“如果九岁男孩讨厌做课外题、阅读题、看图说话，该如何培养他的兴趣？”等问题。

没见容祥时，仅从和他妈的交流中，我就认为容祥自信心不足，上台锻炼的机会少，对学习的积极性不高。

在暑期的“阅读与写作”班上，我见到了容祥，小家伙儿长得很精神，大眼，浓眉，方脸。上课时，容祥有时懒洋洋的，打不起精神；下课后，和同学玩时，注意力很集中，特别是玩组装机器人、飞机时更是精神集中。课下的观察使我得出结论：容祥智力、注意力等都没问题，上课没精神是因为没有给他表现的机会，他没有体验到成功的喜悦和乐趣。于是，我想法在他不知道时给他搭建舞台。

一次上课，我问容祥：“作文写完了吗？”

“写完了，落在家里了。”

“不是说好的，今天带来吗？”从容祥的眼神中我似乎捕捉到了什么。先放一放他，我对他的表哥谷添乐说：“添乐，读一下你的作文。”

添乐有感情地读着《我的一家》，读罢，同学们鼓起了掌。从掌声中我看到了容祥的变化。容祥说：“老师，我的作文没丢在家里。”然后，他从文具盒里取出了折了几折的作文，读了起来。

“你读得真棒！作文写得也不错。”从没受过表扬的容祥一脸的兴奋。我接着说，“你如果把文字抄写清楚，就更好了。”

容祥又快又好地抄完了，仅仅用了十几分钟。

后来，我又接连组织了两次作文朗读比赛、一次硬笔书法展，容祥都认真参与了，且表现不俗。

接下来的一段时间，容祥表现得很疲惫，无精打采的。虽然容祥起起伏伏，我却对他充满了期待。一次，我让大家写教室里的一盆花，有些难度。我指导后，大家静静地写着。一会儿，容祥拿着他写的作文让我看。看后，我大吃一惊，简直不敢相信是容祥现场写的，进步真大呀！我当场朗诵并点评了他的作文，同学们赞叹不已。

时间过得真快，一转眼暑假班就要结束了，我对容祥由最初的牵挂变成了现在的放心。从容祥身上我们可以看出，让孩子体验到成功的喜悦有多么重要。容祥，我愿为你和你的同学搭建这样的平台，希望你在人生舞台上有精彩的表现，老师相信你！

多给孩子一些表现机会

雄县教育局　张晓东

先认识郭昱含的名字，后认识郭昱含本人。

今年五月份的一天，我在雄县家长学校李校长的陪同下，来到二小二（3）班搞作文调研，全班同学现场写作文《我的老师》。回来判阅作文时，有几名同学的作文给我留下了深刻印象，其中就有郭昱含同学。我清楚地记得还在后来的“亲子共读共写”家庭教育讲座中读到她的作文。

暑假前，我接到了郭昱含妈妈的微信。大意内容是：“张老师您好！我是郭昱含的妈妈。我家女儿平时很爱读书，就是在写作方面有些发怵。我想让您在暑假中带带她，教她写作文。我的女儿很聪明哟！”

暑假在青少年活动中心的“阅读与写作”班上，我终于见到了昱含——大大的眼睛，瓜子脸，小嘴，眉清目秀的，有些偏瘦，眼神中透着灵气。

第一次上课，昱含在朗读、语言上表现不俗。在接受“补充联想法”学习后，她的作文有了很大进步。

给我印象最深的是两次作文朗读比赛。第一次比赛，她因流利的语言加上真挚的情感获得了一等奖。第二次比赛除了演讲外，她还表演了歌伴舞《樱花草》。优美的舞姿和清脆的嗓音，给同学们留下了深刻的印象。

昱含的才能还表现在编辑《雨滴作文集》上，文中的插画画得栩栩如生。

实际变化最大的，我看还是作文——“补充联想法”已经基本掌握，现场作文把控能力提高了许多。须知，昱含只是个二年级的孩子。

不久的将来，昱含必将腾飞于天宇！

多给孩子一些自信

雄县教育局　张晓东

第一次接触直泽的妈妈苑淑语好像也是在北营新村举办的“智慧家长”讲座上。印象加深是在教师发展中心的“亲子共读共写家庭教育讲座”上，我清楚地记得我还分享了她朋友圈的一篇文章。直泽的妈妈对孩子的教育一直在反思，且付诸了行动，是个负责的妈妈。

在“阅读与写作”班上我见到了直泽，平头，圆脸，浓眉，大眼，瘦瘦的。和我对视中，他的眼中透着一丝逃避。第一直觉告诉我，小伙子有些不自信。果不出所料，他的字写得有些乱，不愿主动读作文。可能，孩子的基础不太好。

我开始给同学们改作文了，改完后把电子稿发在微信上；然后，把打印稿拿到班上，让同学们读，读完挂在墙上展示。我有意把直泽的作文往后放，第一天没念到他的，没看到他什么表情，可能是在班上不受重视久了，习惯了。第二天还没念到他的作文，他的眼中流露出一丝渴望，这种眼神转瞬即逝。是时候了，第三天，我打印了他的作文。当我喊李直泽时，他高兴地上台读了起来，读完后，认认真真地把作文挂在墙上。我看到了希望。接下来的直泽，找回了一点自信，但很快在听讲中又坐不住了，于是我把他调到了第一桌，照顾他多些。

接下来的硬笔书法比赛，直泽写得不错。要让他的积极性长久下去，还得激发他的潜能，调动他的积极性。两次作文比赛，直泽勇气可嘉，自信心得到提升，作文也有了进步。

直泽是聪明的，只要坚持下去，终有一天会直挂云帆的，老师相信你！

找准突破口

雄县教育局　张晓东

沫含、沫岩是姐妹俩，沫含上五年级，沫岩上二年级，姐妹俩的妈妈是我同事的同学。经同事介绍，姐妹俩来到了青少年校外活动中心的“阅读与写作”班。

初识这姐妹俩，我一怔，不敢相信自己的眼睛，姐俩长得一样，如不是一高一矮，我还真分不清楚。姐俩都是浓眉大眼，白白净净的，瓜子脸，一张小嘴，红红的嘴唇，黑黑的头发扎成马尾，前额的刘海偏向一侧，眉清目秀，挺招人喜欢的。

刚来写作班，姐俩的作文都是流水账。刚来时，沫岩总是一边听课一边写作业，沐含也总进不了状态。一次给沐含当面改完一篇旅游的作文后，沐含才有了进步。真正调动起沐含积极性的是第一次作文朗读比赛，沐含自告奋勇当主持人。一次主持人的经历让沐含找回了自信。接下来在编辑《雨滴作文集》的过程中，她主动画封面。后来，她还利用业余时间排节目，写硬笔书法，作文也有了长足进步。总之，她的自信心得到了提高，做什么事都积极主动了。

在姐姐的带动下，妹妹沐岩也积极参与到舞蹈《樱花草》的彩排中，也要画《雨滴作文集》的插画。沐岩的作文有了进步，书写整齐了，自信心满满。

沐含、沐岩这对姊妹花，像两只翩翩起舞的蜜蜂，徜徉在知识的花间，定能酿出甘甜的蜂蜜。

帮孩子找回自信

雄县教育局　张晓东

几年前的五月九日在北营新村做“做智慧家长”讲座时，结识了义工郁娟。那天没来得及详谈，只是留了微信号。郁娟给我的印象是，上进、善良、谦卑、知礼。

六月七日，我在进修学校搞“亲子共读共写”家庭教育讲座时，郁娟还转发了微信，有没有去就记不清了。

看来，我们还是有缘。暑期“阅读与写作”班，郁娟带着她的女儿来了。

我没有怎么和郁娟讲话，就被她的女儿李铭瑶吸引。李铭瑶，八九岁的样子，大大的眼睛，个子不是很高，瘦瘦的，清纯可爱。但是，我从她的眼中看出一丝胆怯与内向。

上课时，铭瑶不敢回答问题，声音很小，写的字也有些小。我有意让她多读，以铭瑶的字为突破口，大张旗鼓地表扬，并挂在墙上，让她找回自信。

记得第一次作文朗读比赛，胆小的她还是顺利地完成了比赛。有了这次锻炼，我想她是否找到引爆点了呢？

第二次作文朗读比赛，我有意让铭瑶做主持人，她没有退缩，和李宇轩等三名主持人一起排练，那认真劲儿，真让人高兴。

比赛这天，铭瑶一身黑色晚礼服，充满自信地走上舞台，那神态，那语言，真让人刮目相看。

有了这次成功的主持经验，铭瑶离爆发还远吗？

铭瑶，一定会用行动给出答案，让我们共同期待！

引导学生发现规律

雄县教育局　张晓东

认识天硕、天洋的妈妈好像也是在北营新村的“做智慧家长”讲座上。只是当时只加了微信号，并没有详谈。

天硕、天洋是龙凤胎，天硕是哥哥，天洋是妹妹。二人都瘦瘦的，高高的。先认识的妹妹。暑假前妹妹数学考得不理想，妈妈电话咨询后，天洋和爸爸、妈妈来到教育局咨询。经过攀谈，我发现天洋的智力没问题，也不像其他同学那样字写得很乱，只是天洋一时找不到方法，有时显得很迷茫。我们谈了很久，气氛很融洽。

在“阅读与写作”班上，兄妹俩一同来了。兄妹两个人品很好，遵守纪律，还时常于“雨花斋”做义工，还一同参加了“国学夏令营”。

两个人的作文，写得不错。记得两个人的第一篇作文《可爱的四季》，都写得像模像样的。《雨滴作文集》上也收录了二人的文章，而且二人在朗读比赛中也有不俗的表现。

接下来，二人只要多读书，勤观察与思考，多练笔，还会有很大的提升空间。多嘱咐天洋几句，学习的过程，就是一个发现规律、运用规律的过程。“补充联想法”是写好作文的规律方法，数学也有规律方法，等待你的发现。

“懒”教师带出了好学生

雄县教育局　张晓东

认识宇轩之前，先认识宇轩的妈妈赵敏。那是2019年年初在北营新村举办的“孝行天下”的讲座上。赵敏，高高的个子，感情真挚，擅长主持节目，对国学情有独钟。进一步的了解，是在五月的第二次国学讲座上，赵敏还给我安排了两个小时的家庭教育讲座，我当时只知道她有一个上幼儿园的儿子。

今年暑假，在青少年活动中心的“阅读与写作”班上，我才知道赵敏有一个上初一的女儿——李宇轩。

宇轩，和妈妈一样，热心公益，擅长主持，学习认真。刚来写作班时，她特别爱写作业。时间一长，我渐渐发现，宇轩最大的才能是给我当助手。她主持了两次全班作文朗读比赛，编辑了四辑《雨滴作文集》。最让人难忘的是第二次作文朗读比赛，那么大的活动，她硬是带领几个小伙伴，加班加点赶了出来，效果极佳，受到了家长们的一致好评。怎么样，我这个“懒”教师带出了一个好学生。

说起宇轩，不得不提《雨滴作文集》。这本文集凝聚了宇轩的心血，她当编辑，催稿，装订，排版，做得井井有条，在某种程度上比我敬业。

宇轩对待同学，尤其是小同学，那叫一个好。李斯丁在第一次演讲中有些胆怯，在宇轩极具耐心的鼓励下，不仅读完，还背了一遍《大学》。对待李铭瑶，她更具耐心，不仅让铭瑶顺利地读完作文，还把她培养成小助手。在第二次作文朗读演讲比赛中，铭瑶也和宇轩一样，做起了主持人，且像模像样的。

宇轩的作文，给我印象深刻的是《美丽的四季》和《我最喜欢的一堂课》。这两篇文章，佳句迭出，感情充沛，一发到微信上，点赞一片。

遗憾的是，宇轩上夏令营没赶上“阅读与写作”班的结业，但懂事的宇轩还是给我留下了不可磨灭的印象。我敢断言，宇轩的未来一片光明。

尴尬中的美丽

雄县第三小学　孙兰平

暑假开学，课本还没到，趁这个机会我批改一下孩子们的暑期作业。《童年趣事》这篇作文是暑期作业之一，但是多数孩子却写得干巴巴的，毫无乐趣可言。仔细阅读发现，并不是孩子们的暑期生活无乐趣，而是孩子们缺少发现乐趣的眼睛。我从作文中挑选了几份有特点的，匆匆走进教室，开启作文指导之旅。

"童年趣事，着重在'趣'上下功夫，如何才能把趣味写出来呢？需要……""嘭！"的一声，一团黄色的东西正砸在我的前胸上，然后弹落在讲台，跳动了两下。授课声音戛然而止，全班同学由刚才的全神贯注变得目瞪口呆。一时间，班级的空气凝固不动。孩子们坐得直直的，神情紧张地盯着讲台上的我。我弯下腰，拾起地上如拳头般大小的东西。这是一个泡沫塑料做的拳头，拳头下面连接一个小笔盖。环视四周，杜振威正低着头用眼角的余光瞟我，他的手里紧紧攥着一支光秃秃的没有笔帽的笔。

我该如何？批评？他肯定不是有意的；讲道理？是最差的教育方法；继续讲课？孩子们的注意力必然分散……我何不，何不化解一下这沉闷的气氛呢？

我高高举起拳头，摆出一副可怜相，"同学们，我要起诉！"孩子们被我突然的举动惊呆了。"我要起诉！我在认真工作的时候突然受到意外袭击！谁来为我主持公道？"

班长王正鑫是个机灵又略带男孩气质的小姑娘，她立即站起来，严肃地宣布："本法官正式受理此案！带犯罪嫌疑人！"全班哗然。王正鑫严肃地大声说："带凶手！"几名同学拥到杜振威身边，把杜振威带到了讲台旁边。我站在讲台一边可怜兮兮，杜振威站在另一边则满脸通红。王正鑫清了清嗓子，大声说："被告，你认罪吗?""被告"的头垂得更低了。

此时班里的万事通陈子鹏大声说："此法官不合格，此审判不符合法定程序!"

我又"趁机作乱"，高高举着那黄色的小拳头，说："我要出示罪证!"全班同学笑得前仰后合，"法官"也忍不住笑着冲下台去。

陈子鹏续任，他迈着方步走上讲台，用板擦拍了拍桌子，清了清嗓子，然后大叫："肃静，肃静！请双方辩护律师上场!"两名同学抢着跑到前面做辩护律师。"请原告陈述事情经过!"此时，我捂着前胸，举着那黄色的小拳头。

我的"律师"孙政大声说："小女子孙兰平，待人和蔼可亲，待事兢兢业业，从没做过什么对不起大家的事。可是今天，她在辛勤工作的时候，却遇到突然袭击，我们的心呀，都碎了!""被告陈述!"杜振威把头垂到胸前："我，我不是故意的，是笔帽自己弹了出去!"

杜振威的"辩护律师"陈子安急忙说："这可不是小杜的错，这是销售商的错。"看到有同学这样说，杜振威也开始大胆地为自己开脱，辩论开始了……

"律师"换了好几批，"原告"和"被告"双方由一个"律师"变成了"律师团"，全班同学参与其中，唇枪舌剑。台下的同学有时争得面红耳赤，有时笑得前仰后合。

经过激烈的辩论，杜振威认识到自己上课不该玩笔，全班同学也最终达成一致意见：首先是杜振威同学不是有意扰乱课堂，但是他购买了不适合学生使用的玩具笔；其次是为了上课能专心学习，同学们不要买玩具笔，以免分散自己的注意力；再者就是写倡议书张贴在校园内，传播到网络上，号召同学们不去购买玩具笔，因为销路不好，玩具笔生产商也就会停止生产。

"法官"陈子鹏看到这个情景，眯着小眼，露出他独有的大门牙，呵呵呵地偷笑。"啪!"，"陈法官"的板擦发出响亮的敲击声，"现在我宣判：杜振威同学上课走神、玩笔，触犯了六一班班级课堂管理条例第零零一条，判处杜振威给老师一个拥抱，以安慰其所受惊吓；为同学本节课做出十种不同类型的笑容，把大家逗笑为止。课下撰写倡议书，带领同学张贴倡议书并进行宣传……”

杜振威笑了，我笑了，同学们笑了，笑声依旧在教室里蔓延。我想，这抹尴尬已经化为学生写作的美丽素材，化作分辨事物优劣的方法，化作童年的美好回忆……

精心引领出佳作

——浅谈如何指导学生提高写作能力

雄县教师发展中心　李伟华

每一位语文教师都希望自己的学生能写出文质兼美的佳作来，然而，当前学生的写作现状却往往与教师的期望相去甚远。究其原因，一方面是由于学生年龄小，对生活认知有限；另一方面是因为学生自身对语言文字的驾驭能力差，以致力不从心，有了不错的想法却无法用合适的语言表达出来。

为人师者，肩负着“传道、授业、解惑”的责任。因此，精心引领，提高学生的写作能力是每一名语文教师必须重视的一项重要工作。

如何引领学生写出优秀的作品呢？我们不妨从以下几方面做些尝试。

其一，引领学生品味生活。生活是写作的源泉，学生写文章就是用文字来描绘生活，抒发内心对生活的感悟。一个粗枝大叶、孤陋寡闻的人是永远也写不出好文章的。因此，我们要通过各种形式引领学生品味生活之美：我们可以借助对教材中课文内容的解读，引领学生感受亲情、友情、自然万物之美；还可以借助课文所表达的主旨及所运用的写作手法，布置与之相关的写作片段；还可以结合学生身边正在发生的事设置问题，引领学生发表见解……这样，一方面能加深学生对课文的认知，另一方面也能延展于生活，从而促使其写出有真情实感、有生活情趣的好文章。

语文教师一定要是一个情感丰富、能引领学生观察生活的人，夏日里的一阵雨、冬日里的一场雪、生活中的一点小感动、媒体中的一次大事件，我们都可以引入课堂，让学生去品味评论，春夏秋冬、风霜雨雪，风景不同，心境自然也会各异。正所谓“语文即是生活，生活即是语文”。

其二，引领学生学会积累。文章是靠语言来表达的，要学好语文、写好文章，必须要有丰富的语言积累。我在执教七年级语文的过程中，曾让每一名学生准备一个札记本，在札记本上开展“六个一”工程，即每天积累一句名言，一个名人事例，一段优美的文字，一首古诗，《论语》上的一个句子及翻译，有计划地读一本名著并每天写一点读书心得。第二天在课堂上每组六个人分别展示其中一项。开始时学生们有畏难情绪，然而经过一段时间的规范引领，大家不但养成了良好的积累习惯，而且组与组之间形成了比、学、赶、帮的良好气氛，班级的整体写作水平也在无形中得以提升。

其三，引领学生学会阅读。阅读和写作从来都是相辅相成的。陆游曾说，“汝果欲学诗，工夫在诗外”，会读了，知道别人为什么写得好，写得妙，自己在写作中自然而然地也就明确了应有的方向。“熟读唐诗三百首，不会作诗也会吟。”语文教师可以结合教材中值得精读的文段，或者在课外精选优秀阅读文段，精心设计问题，辅以引领点拨，提升学生的阅读理解能力，以读促写，进而提高学生的写作水平。

其四，引领学生学会修改。“文章不厌百回改”，许多佳作的产生都建立在反复修改的基础上。大多数教师在学生第一次作文后，都是按部就班地批改、写评语、下发讲解然后就进行下一次写作，这样做的结果往往是学生即使听明白了存在的问题，下次写作时还会出现同样的错误。针对这种情况，我在执教中采取了“面批面改”和“二次作文”的做法，并收到了良好的效果。“面批面改”即分批次、有计划地抽取部分学生作文并当面细致地指出学生存在的问题；“二次作文”即让学生准备两个作文本，第一个是初稿，第二个是在教师指导和第一次作文的基础上进行二次写作的成品作文。随着这一做法的逐步展开，学生对自身作文的缺点有了进一步的认识，在不断纠错中，写作水平得以提升。

其五，引领学生学会做人。俗语说：“文如其人”，你是什么样的人，就会写出什么样的文章来。许多高考零分作文文辞也堪称精美，但是之所以获得零分的结果最主要是因为其主旨低劣，甚至反动。社会的发展、时代的进步需要正能量的传播，人与人之间的沟通需要情感的共鸣，因此，引领学生用积极的态度写作也是至关重要的。

学生不是没有写作潜力，而是需要教师去挖掘、去引领。在通过各种形式引领学生提高写作能力的过程中，语文教师也需要不断提升自身的写作能力和品评指导能力，这样才能给学生提出切实有效的建议。

总之，写作能力是一个人思维、表达等多方面能力的综合体现，语文教师如能适时、适度引领，不仅能够让学生写出优秀的习作，而且能通过写作带动其整体语文能力的提升。

信息技术在小学作文教学中的应用

雄县教师发展中心　程贺军

随着信息技术的迅速发展，《义务教育语文课程标准》要求语文教师要充分了解现代信息技术给语文课程与教学带来的种种变化，认清语文教学的转型势在必行，努力学习信息技术与语文课程整合的基础理论，学会和掌握最基本的现代信息技术，具备现代信息技术的基本素养。只有这样，我们才能逐步实现教学内容的呈现方式、学生的学习方式、教师的教学方式和师生互动方式的变革，充分发挥信息技术的优势，激发学生作文兴趣，力求提高学生观察、想象、表达和评改作文的能力，使学生的个性得到充分的张扬，培养学生主动探究、团结合作、勇于创新的能力。作文教学是小学语文教学的重要组成部分，如何利用信息技术激发学生的写作兴趣呢？

一、利用信息技术积累语文素材、剖析写作技巧

“巧妇难为无米之炊”，不看书，肚子空空，即使很会起承转合也写不出

好文章，所以现在要补救作文必须先从阅读开始。丰富的阅读是写好作文的首要条件，许多文章高手文思敏捷，很重要的原因是他们脑中有一个丰富的材料库，写起文章来，能得心应手，左右逢源。信息技术资源丰富，信息传递快捷全面，为学生提供了精彩纷呈的生活画卷和生动活泼的知识长廊，开阔了他们的视野，丰富了他们的创作素材。通过走进精彩纷呈的信息世界，学生可凭自己的慧眼自主地去获得感知，发挥自己的想象力和创造力，为酝酿一篇好作文做好充分准备。

学生在获得了充分的给养后，教师还要对写作技巧进行简单的分析。如：

1. 写外貌不用“有”。

作文如何写外貌？孩子的作文里总会看到类似这样的句子：“××可漂亮了，她有一头卷卷的黄头发，有一双乌黑的葡萄般的大眼睛，有一个高高的鼻子，还有一张樱桃小嘴。”解析：如果你试着让他们去掉文中的“有”，把文字重新串联一遍，会发现作文顺了很多。“××可漂亮啦。一头卷卷的黄头发自然地披在肩上。她的眼睛太吸引人了，乌黑乌黑葡萄一般。高高的鼻子，和樱桃小嘴配合起来，有点混血的味道，同学们可喜欢她啦。”这样是不是读起来舒服多了？

2. 写说不单写“说”。

比较以下三句话。张三说：“……”张三无可奈何地说：“……”张三摊了摊手，一副无可奈何的样子：“……”解析：显然，让人物说话有多种方式，写语言可以不用出现“说”而是在语言前面加上动作和神态。通过一定的训练让孩子掌握这样的技巧，他们的写作水平也会切实得到提升。

二、利用信息技术，情景交融，培养学生情商

叶圣陶先生说：“文是心有所思，情有所感，而后有所撰作。”我们身边让人感动的人物很多、事件很多，教师如果充分利用信息技术手段开展习作指导，可以给孩子们带来创设成功的机会。通过信息技术，作文教学环境更加形象、生动、逼真。多媒体信息技术能很好地支持音频、视频和图像等媒体信息，将文字、文本、图形、图像、动画、声音和视频等多种媒体有机集

成，以图文并茂、声形并现的完整形象展现在学生面前；在观察的重点处还能将有关的图像、声音等信息进行推进、放大，使学生有身临其境的感觉。这样就能激发学生的写作兴趣使其由被动接受转化为主动学习。例如在指导小学六年级习作《老人与海》时，可充分利用各种游戏的图片、声音、视频等，调动起学生的各种感官，让外部的刺激来激发学生的写作兴趣，这样学生们写起来就会感到得心应手。

三、利用信息技术开放创新课堂促进学生表达

把信息技术与作文教学进行整合，会改变课堂教学模式，建立新型师生关系。教师要指导学生运用信息技术来扩展视野、丰富见闻、积累素材和写作资源，这是信息社会小学作文教学面临的新变化与新特点。课堂是开放的、民主的，学生可以根据自己的认知情况，去观察、畅想、表达，把自己看到的、听到的、想到的内容或亲身经历的事情真实地写出来，达到叶圣陶老先生说的那样："凡是干的、玩的、想的，觉得有意思就记，一句两句也可以，几百个字也可以，不勉强拉长，也不硬要缩短。总之是实事求是，说老实话，对自己负责。"这样一来，学生的习作兴趣就会被激发起来，就会主动去和同学们交流了。练得多了，久而久之自然就会有收获，习作能力也就会在练习中逐步提高。

四、利用信息技术开展互动交流发展学生个性

新课程标准十分重视变革传统写作教学"学生写、教师改"的评改方式，提倡学生间的交流与评改，提出了"懂得写作是为了自我表达和与人交流""愿意将自己的习作读给人听，与他人分享习作的快乐""主动与他人交换修改"，"能与他人交流写作心得，互相评改作文，以分享感受，沟通见解"等具体要求。以往我们也曾尝试通过课堂内外、采取多种形式让学生的习作有相互交流与评改的机会，但往往受到范围、时间的限制。在信息技术环境下，作文的"评改"更快捷、更方便、更高效，而信息技术的运用也大大扩展了学生习作交流的时空，学生可以通过网络以更快的速度、让更多的人"分享

习作的快乐”，“主动与他人交换修改”。首先可进行例文“共评”，教师以屏幕、广播的方式向大家展示，由师生共同评议作品的优劣，并对作文的修改提出个人不同的看法，充分调动学生的积极性，主动性。教师在此过程加以指导点评，总结出“评改”作文的方法。然后，组织同学进行互评互改，被点评者在听取大家意见的基础上立刻在电脑上进行修改，从而使被点评者体会到成功的喜悦。最后学生再自我修改，对自己习作的字词句段篇进行全面修改，并与原文对照，推敲回味修改的过程。掌握技巧，举一反三，从改一篇习作到改一类习作，学生自改作文的能力会得到有效的提高。

总之，随着现代信息技术的飞速发展和在教学中的广泛应用，信息技术为小学作文教学带来了新的生机与活力，促使教学方式从根本上发生了变化。它优化了课堂环境，丰富了教学内容，促进了作文课堂教学效率，提升了学生的写作技能。

让写作想象在美术元素中放飞

雄县教师发展中心　左　军

《义务教育语文课程标准》指出：写作能力是语文素养的综合体现。在语文学科素养的构成中，语言的建构与运用也是非常重要的组成部分。由此可见，写作能力的培养是语文教学中不可忽视的环节。特别是在“中国学生发展核心素养”席卷教育领域的新时代，如何让我们的作文教学指向“核心素养”这一学生发展的关键，让作文教学具有趣味性，是我们语文课堂中作文教学必须思考的问题。

小学语文教师在作文教学中会遇到许多问题，例如，学生上写作课写作时苦思冥想，不知道写什么，写出来的语句表达不清，甚至有的学生胡乱编造，违背事实。许多学生感到作文难，其实很大程度上是对写作缺乏兴趣。生活即作文。学生的写作能力、阅读能力、认知能力、语言表达能力，都和生活材料的积累存在着不可分的联系，而传统的写作教学不能将学生的这些能力充分调动起来，使学生充分表达自己的心声。课堂上，我尝试将美术元素融入写作，改变当前教学中单一的写作教学模式。经过长期实践，我发现这种教学方式对于小学生写作水平的提高有很大帮助。

那么如何将美术元素落实到写作培养中呢？

一、美术融入写作，激发写作兴趣

爱因斯坦曾经说过："我认为对一切来说，只有热爱才是最好的教师，它远远超过责任感。"的确，兴趣是学习一项技能的最好老师。小学生刚刚开始接触作文，识字量少，词汇匮乏，让他们写出优美的作品，有点不切实际。因此初期写作课，目的主要是培养学生的写作兴趣。

1. 激发兴趣。在刚接触写作时，为了唤起学生写作的欲望，我经常给他们讲一些作家的故事，鼓励他们可以当作家；同时给他们找来一些小学生作品集，鼓励他们也可以把自己的作品发表在杂志和图书上。为了激发学生的写作兴趣，我为他们精心挑选了一些印有各种可爱卡通图案的作文本。拿到作文本之后，孩子们爱不释手，写上自己的名字的时候都很认真，生怕影响作文本的美观。

2. 写画结合。小学生都是爱玩儿的，因此，在写作课上我添加一些游戏，让学生在轻松活泼的氛围中，体验到写作的美好。例如，在二年级上写作课时，我带领学生做起"快乐的动物园"的游戏。我在黑板上画了一个动物园，让学生挖掘自己的记忆，找出之前父母带自己去动物园见过的动物，然后画到动物园里。小朋友们积极踊跃参加，在动物园里画出了开屏的孔雀、摇铃的大象、唱歌的鹦鹉、爬山的猴子、跳舞的鸵鸟等。然后，我让他们看图写作，看看动物园里的小动物都在干什么。孩子们兴高采烈地将看到的、想到的写进作文里。

二、释放儿童本心，尊重个性表达

作文中添加美术元素是为了开放作文教学，因此作文内容也应该是开放的。可以从学生感兴趣的话题入手，让学生燃起写作兴趣。学生此时写的都是最贴近生活的作品，也是现实生活的写照，所以鼓励学生多留意身边的小事，观察生活，感受生活，把自己感兴趣的人和事写下来。

例如，春天，我带学生在校园里找春天，事先并不给他们布置作文。回来后，我会让他们将自己看到的事物先画下来，然后再写作文。有的孩子画了法桐树、樱花、四府海棠、玉兰，有的画了小花，还有的孩子画了油菜花、小蜜蜂。画下来之后，他们再将这些元素整理好写在作品中。有些学生看到其他同学画的之后，也激发了自己的灵感，写进了自己的作品中。同时，我还启发他们发挥自己的想象，想想小草、小树、小蜜蜂等都在做什么，然后写在作品中。学生写出的作品充满了童趣，而且他们争相对比自己和别的同学的发现有什么不同，这极大地激发了学生的写作兴趣。

三、图文创新转化，丰富写作想象

小学生正处于形象思维发达的时期，孩子们往往喜欢用图画表达自己对世界的认识和生活感受。如何引导学生将这种独特的感受从图画转化为形象的语言表达出来？为了丰富图画表达的信息，我便引导学生可以添上年、月、日、星期、天气等，这样就可以清楚地记录哪一天画的画儿，将来回顾自己的作品时，更容易想起那天发生的事情。为了丰富孩子的想象，我引导他们可以在天气那里画上相应的元素，例如晴天可以画上太阳，下雨可以画上云朵和雨滴，如果阴天可以画上两片云彩……学生在我的引导下，甚至给太阳画上了草帽，给雨滴画上了雨伞。然后我引导：“是不是该给这幅画加上题目和自己想说的话呢？”孩子们都觉得加上自己想说的话后更有意义。不少学生为了使自己的话更加优美，写感想的时候十分认真，一笔一画地书写，不仅锻炼了写作能力，绘画技术和写字水平也得到了提升。在这种模式下，学生的绘画形式也越来越多，出现了铅笔画、蜡笔画、水彩画、剪贴画，等等。配图的文字，不仅有叙事、抒情、议论，有些小作者还写成了诗歌。慢慢地，孩子们学会了用生动形象的语言表达丰富的图画记忆，写作能力也在不断提高。

美术元素添加到作文中的教学方法，丰富了学生的想象空间，调动了学生写作的积极性，提升了学生的语言表达和写作能力。在写作过程中，孩子的观察、绘画、思维、创新等综合能力也得到了发展，向着“核心素养”的提升一步步在贴近着、发展着。孩子们丰富的写作想象、多彩的童年记忆在美术元素中越飞越高……

作文“三步走”

雄县第三小学　陶咏梅

写作文说难不难，说容易也不容易，它是一个循序渐进的过程，如同爬山，得一步一个脚印，没有捷径可走。根据以往经验，笔者总结出几点作文教学浅见，还请各位老师指正。

一、留心生活，捕捉素材

叶圣陶先生曾经说过：“生活如泉源，文章犹如溪水，泉源丰富而不竭，溪水自然活泼地流个不歇。”这告诉我们的是作文的素材问题。生活是作文的源头，小学生的思想观点、感情及一切材料来源于现实生活。如果学生生活丰富、接触事物多、见识广、视野开阔，感受就深刻，写起作文来就能左右逢源、触类旁通。

我觉得作为一名语文老师，教会学生善于观察生活是一件非常重要的事情。我经常对学生说：“生活是创作的源泉，生活是我们的老师，要老老实实地向生活学习。同学们要想写好作文，就要热爱生活，学会做生活的主人。一个不热爱生活的人，他不可能发现生活中的美；一个对集体活动不关心的人，也不可能写出精彩感人的集体活动的场面；一个对周围事物不仔细观察的人，当然也不可能把事物写具体、写生动。”我们经常在一些作文里看到这样的描写：“她很善良”，“他非常高兴”，“表演了精彩节目”，“场面很壮观”，等等。我们如果深入一层问一问：从哪些地方看出她的善良？他高兴时是怎么样的？节目精彩在哪里？什么样的场面？学生很可能回答不出来，因为他没有切身体验，或者是没有细致入微地观察。

因此，教师要引领学生走向社会与自然。观察生活要尽量做到准确、细致、透彻，不要走马观花，浮光掠影。人或物或场景，必须观察准确、透彻，才好下笔。

二、广泛阅读，积累素材

除了引领学生走向社会与自然，还要引导学生广泛阅读，积极开展阅读活动。要使学生作文有话可说、有物可写，还必须积累语言材料，多阅读课外书籍。古人云："读书破万卷，下笔如有神。"可见阅读对写作的重要意义。新的课程标准特别强调了课外阅读，并且规定了各个年段的阅读量，这就要求我们把阅读的积累作为作文的资源开发和利用起来。当然，仅仅靠多读是不够的，学生还要对所读之书进行熟读精思，融会贯通，使积累的材料成为自己写作的"源头活水"。这样，学生作文时自然就会思如泉涌，水到渠成，也就自然会爱上写作，并感受到作文的快乐。

三、发挥想象，写活素材

鼓励学生写自己想说的话，有话则长，无话则短。在要求和评价上降低难度，让学生不受篇幅限制，把自己的见闻、感受和想象写出来；不要有写法上的条条框框，重在让学生把心中所想、所感及时地写下来，让其感到写就是倾吐，是一件快乐的事情。对于作文中所涉及的动物、植物等，可以赋予它生命，正如张晓东老师所说，给它戴帽子、穿衣服、穿鞋子，让它说话、唱歌、跳舞。孩子们的想象力是无限的，只要打开他们想象的翅膀，就可以让他们的作文飞起来！

为有源头活水来

——让孩子在动手中学会写日记

北京中关村三小雄安校区　王红艳

学生升入二年级，我尝试着让孩子们写三五句话的小日记。刚开始，我为了激发学生的兴趣，对日记内容没有要求，只强调语句表达完整，标点使用正确，不写错别字。经过一段时间尝试，我发现一部分孩子不会观察生活中的人和事，日记就是流水账。

如：今天吃过早饭，妈妈送我去上学。中午回家又吃饭。下午放学回家就写作业。我对这样的孩子进行面批，让他们想一想在家或学校哪件事印象比较深刻，把事情的来龙去脉写详细。经过指导，孩子有了进步，但还是不能从生活中发现有趣的事物。

有一次上课，我正讲《朱德的扁担》，突然听到有学生小声地笑，我循着声音望过去，看到××同学坐着在睡觉。我轻轻地走过去，拍了拍他说："××同学，你怎么睡着了？站在后面醒醒，一会儿再坐好听课。"

这时候只见其他同学兴致来了，有的三两个议论，有的哈哈大笑。就这件小事，第二天孩子们的日记，就很精彩。有的写"我们的瞌睡虫"，有的写"睡觉虫——××"，题目五花八门，内容也比平时写得具体、生动。

到这时候我才深刻体会到，孩子们写不好日记的真正原因，是学生找不到自己感兴趣的事，所以无话可写。于是，我就抓住这个契机，利用每天最后一节课，让学生说说这一天印象深刻的事，循序渐进，引导学生发现生活中的美。

我还发现孩子们对新鲜事物特别感兴趣。于是，12 月 12 号，我给孩子们留了第一个实践作业——"种蒜苗"。

孩子们兴致很高，晚上家长们就把孩子们剥大蒜、穿大蒜的照片给我发过来了。我一看孩子们的认真劲儿，就知道孩子喜欢做这件事。

第二天的日记也出乎我的意料，每个学生都写了满满的一页。有学生写道：

回家以后，我迫不及待地走进厨房，拿出一头大蒜。看着蒜瓣兄弟紧紧地抱在一起，我真不忍心分开它们。可是，只有把它们穿起来，它们才能生长。我马上把大蒜分开，去掉皮，一个个白白的蒜瓣真像一个个可爱的小娃娃。我小心翼翼地把它们穿起来，它们就像紧密团结的一家人，围在一起聊天呢。我再找来一个漂亮的盘子，倒上水，然后把穿好的蒜瓣放进去。我多盼望它们快快长高呀！

我让孩子们把日记读给同学们听，每个孩子都听得认真。接来的每一天，孩子都有新发现，观察力增强。比如，任少谦同学的观察日记：

2017 年 12 月 13 日，星期三，晴。

今天放学回家，我迫不及待地跑到大蒜跟前，有的蒜瓣的上部已经长出了嫩黄色的蒜芽，有的刚探出了小脑袋，有的已经有 2 厘米长了，还有的蒜瓣没有探出头，真期待着它们快点见到光明啊！

2017 年 12 月 14 号，星期四，晴。

“儿子，蒜苗又长高了一些！”随着妈妈的喊声，我一溜烟地赶到了客厅。我拿着尺子量了一下，最长的已经有 5 厘米了。妈妈看到我的样子说：“如果每天给它们换水，并且多照阳光，长得会更快哟！”我听了妈妈的话，立即抱起盛蒜苗的盘子放到阳台上，因为这里既温暖又阳光充足，希望蒜苗快快长高呀！

2017 年 12 月 15 日，星期五，晴。

早上起床第一件事就是给我的蒜苗换水。刚把水倒掉，我就发现蒜瓣根部长出了白花花的根须，就像老爷爷的胡须一样。如果你仔细看，就会发现淡黄色的蒜苗已经变成了翠绿色，一片片翠绿的蒜苗好像在跟我打招呼："小朋友，快快跟我一起成长吧！"

2017年12月16日，星期六，晴。

今天，我的小蒜苗又有了新的变化。它们里面最高的有15厘米了，最短的也有8厘米了。它们挨得很近，好像小朋友在比身高呢。我忍不住弯腰闻一闻，一股淡淡的蒜香味儿飘来。再看，底部那些须子，有的已经变长变黄，有的已经烂了，而且蒜的外皮也变厚了，看上去很强壮的样子。我的小蒜苗快长吧！

2017年12月17日，星期日，晴。

放学回到家，我立刻拿尺子量了量我的蒜苗。量完后，我觉得很奇怪。"我最长的蒜苗比昨天长得慢了些，为什么长慢了呢？"我把这个疑问告诉了妈妈。妈妈告诉我："放到阳台上，蒜苗吸收的阳光、氧气多，发生光合作用就多，所以长得快。"我立刻又把它们移到阳台上。希望明天是一个阳光灿烂的日子，让小蒜苗长得更壮吧！

以上每一篇日记都有新发现，小作者分别从视觉、嗅觉等不同角度写出了自己的新感受，而且每一篇的结尾都用感叹句写出了他的期待。

通过写观察日记，孩子们的观察能力和写作能力都有了很大进步，期待孩子们更大的进步。

习作点评篇

我爱春天

雄县第一小学一（1）班　郭紫萱

春天来了，春姑娘送走了冬日的严寒，迈着轻盈的步伐来到了我们身边。我们脱下了厚重的棉衣，穿上漂亮的春装，去大自然寻找和感受春天。

你看，河水哗哗地流淌着，阳光洒在上面，波光粼粼。顽皮的小草也从泥土中钻了出来，一片片绿油油的，小动物们在上面欢快地玩耍着。小树也萌发出了新芽，枝条随着春风不停地摆动，像极了跳舞的小女孩儿。你再看那漫山遍野五颜六色的花朵，尤其是那金黄金黄的迎春花，仿佛在告诉我们，春天来了。

你听，小鸟也从南方赶来，在树枝上叽叽喳喳地唱着歌，真是一个鸟语花香的季节啊！

我就是喜欢这样的春天，我更爱这美丽的春天！

教师点评：孩子观察仔细，描写细腻，语言生动活泼，通过“比喻、拟人”的修辞手法写出了春天的可爱，更写出了对春天的向往。

——高静

我的妹妹

雄县第一小学一（1）班　杨清雅

我有一个妹妹，她刚刚过完五周岁生日。她喜欢穿裙子，戴发卡，把自己打扮得像公主一样漂亮。其实，她小时候长得可丑了，现在变漂亮了，而且还很可爱，我很喜欢她。

我的妹妹现在上幼儿园中班了，她比较爱吃，但是她也不胖，有时候我会叫她小吃货。妹妹每天放学后都会和我一起写作业，她的拼音和数字写得特别工整，每次写完作业后，总会把作业整理好放到书包里。妈妈总说我，要我向妹妹学习。我承认这一点做的不如妹妹好，以后我要向妹妹学习。

我的妹妹也很聪明。上次老师让我背诵社会主义核心价值观的主要内容的时候，我在家里练习背诵，她在旁边听着，没想到她也记住了。有一次，妈妈带我俩出去玩，妹妹看到公园两侧的墙面上有社会主义核心价值观的主要内容，就喊："姐姐，姐姐快看，富强、民主、文明、和谐、自由、平等、公正、法治、爱国、敬业、诚信、友善。"真没想到她背下来了。

哈哈，我妹妹可爱吧，我很喜欢她。

教师点评：小作文通俗易懂，能联系生活实际，以轻松愉快的语气向我们娓娓道来，让我们读起来倍感亲切。事情虽然平凡，感情却真挚、充沛，表达了对妹妹的喜爱之情。

——高静

滑　雪

雄县第一小学一（3）班　刘思彤

寒假的一天，爸爸带我去滑雪。

我怀着兴奋的心情进入了滑雪场，哇！好多人呀！没来得及多看，我就迫不及待地冲进了"冰雪天地"——白色的世界。

刚开始学滑雪时，爸爸把我送上了一个山坡，让我自己向下滑，我很紧张。爸爸说：“先慢慢向下滑，不必害怕，只要不往后仰就行。”

我记住了爸爸的话，一次一次地试着，但还是摔了下来。我停在雪地上一个劲儿地哭。爸爸跑了过来，鼓励我说：“彤彤，不要哭，摔一跤没关系的，我相信你是最勇敢的。”

听了爸爸的话，我又找回了勇气，重新上了山坡。经过一次又一次的尝试，我终于学会了滑雪。爸爸看到我开心地滑着雪，会心地笑了。

教师点评：事例叙述得生动具体，有条理，充满童趣。

——刘鑫

我的自画像

雄县第一小学一（4）班　吴佳遥

我叫吴佳遥，今年九岁，是一个性格内向的小女孩。我有一双不大的眼睛，笑起来弯弯的，像一个小月牙，高高的鼻梁下面，长着一张樱桃小嘴。我常常留着一头乌黑发亮的短发，刚开学的时候，班里有些同学还以为我是男孩子呢！

我有一个特别好的朋友——书。每天晚上 8 点钟，我都会和我的“好朋友”在一起，这已经成为我的习惯！每当我安静地坐在书桌前，我心里都会感到非常的高兴。

除了读书，我还有一个爱好就是画画儿。我喜欢把自己的心情画在纸上。当我心情好的时候，我会画五彩缤纷的世界。当我不开心的时候，我会画绿绿的草地、高高的大山，这样我的心情就会好很多！

这就是我，一个既爱读书又爱画画儿的女孩！我希望能和你成为好朋友，一起分享读书的快乐！

教师点评：

一、条理清晰。小作者按照“分—总”结构进行谋篇布局，从外貌描写和个人爱好两方面来介绍自己，在写自己外貌的时候具有一定的顺序性，最后总写并表达自己的感受。

二、比喻的修辞手法使描写更加生动。例如：“我有一双不大的眼睛，笑起来弯弯的，像一个小月牙，高高的鼻梁下面，长着一张樱桃小嘴。”

三、词语运用准确恰当。如“五彩缤纷的世界”“绿绿的草地”“高高的大山”……

——朱江茹

小 金 鱼

雄县第一小学一（5）班 袁雨航

我家鱼缸里养了几条小金鱼，我喜欢喂它们好吃的。看着它们游来游去，我就有说不出的快乐。它们也喜欢我，因为每次我靠近鱼缸，小鱼们都会甩着尾巴欢快地向我游过来。

金鱼有红色的、白色的，还有金色的；有的尾巴又长又大像把扇子，有的脑袋上长着一个大包像戴着顶帽子。它们总是无忧无虑，而且老是瞪着圆鼓鼓的大眼睛，晚上也不睡觉，它们不困吗？妈妈说，鱼也睡觉，但是它们没有眼皮，所以不能像人那样闭着眼睛。

小鱼们已经在我家待了一年了，它们还是那么漂亮可爱，我们成了好朋友。

教师点评：这是一篇描写小金鱼的文章。看着你的描写，老师仿佛看到了可爱的小金鱼，在我眼前游来游去。全文语言流畅自然，字里行间都流露着对小金鱼的喜爱，是一篇不错的习作！

——刘丽华

我的妹妹柠檬

雄县第一小学一（6）班 田丁宁

我有一个妹妹，在她没有出生的时候，我就给她起好了名字叫柠檬。

现在她四个多月了，长得胖嘟嘟的，眼睛小小的，脸大大的，鼻子像小猪一样，肚子大得像个西瓜，胖胖的小脚丫就像两个小面包，让我好想咬一口啊！

每天放学我都想快点看见妹妹，她也特别喜欢我，一看见我就冲着我乐。她一乐两只眼睛就成了两条缝儿，牙床子也露出来了，丑萌丑萌的，十分可爱。

有一次，我搂着她玩儿，她用两只小胳膊搂住我的脸就开始嘬，把我的脸当成好吃的了，嘬得啧啧儿响，让我哭笑不得。

每当她不听话的时候，我就会拿出她最喜欢的玩具——一个带彩色灯的气球，她一看就手舞足蹈，高兴极了。

这就是我的妹妹，虽然不会说话，但她就是我的开心果！

教师点评：小短文语句通顺、感情真挚，恰当地运用了修辞手法，体现了小作者对妹妹的喜爱之情。

——张真珍

幼儿园老师来看我

雄县第一小学一（6）班 魏恺泽

周一吃完午饭，妈妈笑呵呵地对我说："幼儿园的张老师和翟老师在学校门口等你呢！"听到这个消息，我高兴、激动又紧张……

我和妈妈飞快地赶到了学校，两位老师看到我又亲又抱，张老师还给我买了我最爱的草莓味奶茶。我们手拉着手一直聊到打预备铃。两位老师一直送我到班级门口才依依不舍地离开。

我喜欢幼儿园老师，也爱现在的老师，希望所有的小朋友都能遇到一位好老师！

教师点评：语句通顺、感情真挚。

——张真珍

找 春 天

雄县第一小学一（6）班 杨苡柔

妈妈让我找春天，她说春天就在校园里。

我推开门，感觉春风吹过我的脸，像妈妈的手抚摸着我，轻轻的、柔柔的，舒服极了。

我走到海棠树下，看见树上有好多红红的花苞，它们好像很着急要钻出来看看外面的世界。我又来到柳树下，看见绿绿的柳枝被春风吹得舞动起来，好像一个个舞蹈家。

上学时间到了，同学们排着队走进校园。他们穿着五颜六色的衣服，像一朵朵花儿开满校园。

啊！原来春天是一个害羞的小姑娘，她真的藏在我们校园的每一个角落里，在和小朋友们捉迷藏呢。如果你仔细寻找就会发现她的气息。

教师点评：童言童语，童真童趣，春天在校园里，春天在小姑娘的眼中，春天在孩子的笔下，像我们的小作者一样纯真、美丽、可爱。

——张真珍

我逃脱了你

——写给亲爱的妈妈

雄县第一小学一（6）班　马艺涵

我逃脱了你，
我的世界就会重新开始，
我就可以自由漫步在沙滩上，
看着夕阳慢慢降落，
我就会实现我的梦想，遨游世界。

我不逃脱你，
每天的早饭午饭晚饭只能喝小米饭，
每天就只能写拼音和数学，
我的世界就没有美好，没有明天。

妈妈的话：刚上一年级，马艺涵还不太适应这么有规律的学习生活，肠胃也时不时地出现小问题，只能听从医嘱多喝小米饭，于是她写下了这首诗，抱怨我的“暴行”。

教师点评：这首小诗生动传神地写出了一个初上一年级的小朋友的心声。童言童语中夹杂“为赋诗词强说愁”的小顽皮，更渗透着她对未来生活的渴望。描写细腻，意境美好，活泼的语言透露着小作者的灵气。

——张真珍

我的公主梦

雄县第一小学一（6）班　曹钰涵

每个女生都有一个公主梦，我也不例外。

我的梦想是有一个属于自己的城堡，我想它应该是粉色的，上面还有我喜欢的五颜六色的灯，里面放着我喜欢的毛绒玩具。白天，我可以在里面做我喜欢的任何事情；晚上，可以抱着毛绒玩具一起睡觉。想想就觉得好开心呀！不知道我的公主梦什么时候能实现。

这一天，爸爸下班回家手里拿着个大袋子，对我说："宝贝，猜猜是什么?"原来是积木城堡！我怀着激动的心情和爸爸一起动手安装了起来……

我的公主梦终于实现了，我好开心呀！

教师点评：这是一个幸福的小姑娘，她用通顺的语言写出了自己的心愿，让人能够感受到她的幸福。

——张真珍

可爱的哈利

雄县第一小学一（7）班　李宜轩

我家有一只可爱的小狗，它的名字叫小哈利。小哈利一身白色绒毛，一双大眼睛可有神了！它的鼻子黑黑的，尾巴很短，走起路来一扭一扭的，可招人喜欢了。

别看小哈利年龄小，它会的东西可不少！它要是想撒尿，就会对着你哼哼叫。当我们吃饭的时候，它在一旁看着你，有时还汪汪地叫，好像在说：“请你也给我点儿吃的东西吧！”

我还经常和它一起做游戏，互相追逐嬉戏。有时我们喂它食物，会把食物向空中一抛，小哈利就会灵巧地向空中跃起，并稳稳地接住食物。我们向远处扔去沙包，它会飞快地把沙包叼回来，然后冲着我们不停地摇尾巴。我们和小哈利在一起玩得可开心啦！

多么可爱的小狗啊！它是我们的好伙伴。

教师点评：在小作者的笔下，一只活泼可爱的小狗跃然纸上！文章写出了小作者与小狗的亲密嬉戏，更写出了小狗的机灵可爱！加油，小姑娘，你很棒！

——张会敏

放 风 筝

雄县第一小学一（7）班　赵子琪

星期天，天气晴朗，我和爷爷一起去温泉城广场放风筝。

来到广场，我发现好多人已经把风筝放上了天空。看到天空中各式各样的风筝，我高兴得跳起来！你看，不光有圆滚滚的小猪、色彩斑斓的小鱼，还有可爱的海绵宝宝。它们在广阔的蓝天上对我微笑。我喜欢这些飞翔在春风中的小精灵。

我拿出风筝，并用双手高高举起它，爷爷放线，我迎着风的方向跑了几步，一松手，风筝便飞上了天空。我接过爷爷手中的线板，慢慢地放线，风筝飞得越来越高……

突然，我的风筝线和别人的缠在了一起，我拿着线板好像同时放了两个缠在一起的风筝，十分有趣！

过了一会儿，我慢慢把线往回收，爷爷帮我把缠着的线解开了。于是，我们又开心地放了起来。

我真想变成一只风筝，在天空中自由飞翔啊！

教师点评：在小作者生动的描写中，我们能感受到她放风筝时的快乐心情，也仿佛亲眼看到那些漂亮的风筝了。要继续打磨自己的语言，加油！

——张会敏

洗 袜 子

雄县第一小学一（7）班　高伊麦

星期天，我看见妈妈在洗衣服，就来帮她洗袜子。

我先把水接到盆里，然后把袜子放进去就开始洗。妈妈看到说："这样洗不对，要先在水里放上洗衣粉，把袜子泡上一会儿再洗。"

我按照妈妈教的方法，接了盆水，然后在水里放上洗衣粉，泡上袜子。等了一会儿后，我就开始用小手使劲搓。搓呀搓，盆里都是五彩的泡泡了，再仔细一看水变脏了，于是就把脏水倒掉，又接了清水冲洗了两遍。"哇！我洗的袜子好干净呀！"

晾上袜子，我的小手红了，还有些疼，可是我学会了洗袜子，特别开心。

教师点评：你有一双小巧手，更是妈妈的好帮手！勤劳的小姑娘，加油！你会更棒的！

——张会敏

梦的世界

雄县朱各庄镇闫家铺小学一年级　李佳瑶

夏天的夜晚，妈妈带我去水池边玩。我看见树上的知了姐姐，穿着黑裙子，长着一对透明的翅膀，知……知……叫个不停。水池里的水很清，小鱼妹妹在荷叶下和小虾姐姐一起玩捉迷藏。青蛙哥哥在荷叶上跳跃着，好像是要在“宴会”上和其他青蛙们比赛。蜻蜓姐姐在上面飞来飞去，它们有的穿着黄色的衬衫，有的穿着蓝色的裤子，有的戴着花帽子，还有的穿着彩色的裙子……

“宴会”上好热闹啊！突然听到夏姐姐在冲我打招呼，说：“该起床上学啦”！我一下子就醒来了，原来那只是一场梦啊！叫我的不是夏姐姐，而是我的妈妈啊！

好想让这场梦变成现实啊！小朋友，你们还记得自己做的梦吗？

教师点评：你有一只生花笔，穿着黑裙子的知了姐姐、捉迷藏的小鱼妹妹和小虾姐姐、跳跃的青蛙哥哥、穿着各色衣裳的蜻蜓姐姐在你的笔下活灵活现。

——张晓东

夏天的池塘

雄县朱各庄镇闫家铺小学一年级　李松倩

在一片大大的池塘里，有很多荷花和荷叶。荷叶上蹲着一只青蛙，它穿着碧绿碧绿的衣裳，头上顶着一对大大的眼睛。青蛙的本领很大，它一年能消灭一万多只害虫。看——它正带领蝌蚪宝宝们在水池里游玩呢！

荷叶上立着一些像飞机一样的蜻蜓。它们有的穿着黄色的衣服，有的穿着绿色的衣服，还有的穿着蓝色的衣服。蜻蜓的眼睛大大的，它们有时飞得很低，有时飞得很高，真神奇呀！

池塘的岸上有一棵高大的松树，树干上有几只知了，它们有的穿着黑色的衣服，有的穿着黄色的衣服，它们知、知地叫着。小鱼游过来说："青蛙哥哥，你能和知了弟弟比唱歌吗？"你们知道谁会赢吗？

夏天的池塘可真热闹啊！

教师点评：别人画画儿用颜料，而你却用笔。夏天的池塘可真热闹，你把池塘写成了一幅画。

——张晓东

我的理想

雄县第一小学二（1）班　田一涵

早晨，妈妈送我上学的路上，和我谈论起了理想。于是我滔滔不绝地讲了起来：我有很多理想，我想当科学家，想像爱因斯坦和霍金一样，攻克那些物理界的难题；我也想当一名宇航员，可以探索神秘的宇宙，与外星人交流；我更想成为一个有钱人，让爸爸妈妈不那么辛苦工作，还可以自己购买仪器研究科学问题。

妈妈听完后指着车前边三轮车上的字问我念什么。我扭头一看，上面写着“兴邦”。妈妈说：“完整的这句话是空谈误国，实干兴邦。你明白吗?”我明白了，再美好的理想都需要脚踏实地去学习，否则就只是一个空想而已。

我要更加努力地学习，向着我的梦想努力前进！将来，我要成为一个最棒的宇航员，成为最会开飞船的科学家。

教师点评：田一涵是一个数学天才，他对各门学科知识都感兴趣，因此他的理想也和爱好紧密相连。他的这篇小作文非常符合孩子的追求，希望孩子梦想成真，为国争光！

——王维

学 游 泳

雄县小学二（1）班 徐家玺

暑假时，妈妈带我去游泳馆学游泳。

第一天，教练教给我游泳的动作要领，让我先在岸上练习动作。我做了几次，感觉超级简单，就停止了练习。看着其他小朋友在水中欢快地嬉戏，我不顾教练劝阻，迫不及待地“扑通”一声跳进游泳池里。一下水，我的心就紧张起来，加上刚才没有认真练习，动作要领忘得一干二净。正在我惊慌失措的时候，教练游过来，把我抱上岸，再次耐心地向我示范着每一个动作。我硬着头皮按照要求去做，谁知第一次吸气我就喝了一大口水。我又连着做了几次，还是一个劲儿地呛水，连鼻子都发酸了，我不禁心灰意冷起来。可看见妈妈和教练那充满希望和鼓励的眼神，我的信心又回来了。经过反复的训练，我竟能连着换三口气，游出两米多远了，我高兴极了。

第二天，教练让我脱掉了气袋，可是我的身体一直往下沉，即使我把头抬得很高，还是不住地喝水，昨天那股高兴劲儿一扫而光，我感觉学游泳真是太难了。于是，我又打起了退堂鼓——还是别学了！我站在水里，看见小朋友们用各种姿势畅游着，真是既佩服又羡慕。我暗下决心，别人能学会游泳，我也能行。经过教练的悉心指导，我加大了四肢划水的力量。这次，我又成功了，从两米到三米、四米……即使我浑身酸疼也咬牙坚持着。两个星期过去了，我可以从游泳池的这头游到那头，而且我能在水中做我想做的任何动作，我终于学会游泳了。

学习游泳的过程让我体会到，无论做什么事，只有认真坚持，不懈努力，才会取得成功。

教师点评：这是一篇记事作文，记述了小作者学习游泳的过程，叙述完整简练，首尾呼应。两次“失败”的细节描写突出了重点，结尾的“道理”水到渠成，丝毫不突兀。在语言的表达上，成语运用恰当，没有多余赘述。

——王维

画画儿

雄县第一小学二（2）班　韩侍航

美术课上，我坐在教室里画画儿。

我先用绿色的水彩笔在纸上画一片森林，树木长得十分茂盛，碧绿碧绿的。

我又在森林上方画上蓝蓝的天，天空中有朵朵洁白的云。

我还在森林上方画了几只小鸟，黄黄的羽毛，尖尖的小嘴，很有趣。

画完后，我给画儿起了个名字——“小鸟的家”。

教师点评：这篇小作文结构清晰，宛如一幅色彩艳丽的画儿，体现了孩子纯真美好的心灵。

——梁民清

小松鼠头饰

雄县第一小学二（2）班 王怡诺

今天放学的时候，老师让我们做一个头饰，是为《开满鲜花的小路》这篇课文用的。这篇课文里小动物很多，所以，老师让我们挑选一个自己最喜欢的动物做头饰。我选了一只可爱的小松鼠。

首先，我准备了一张纸；然后，画出小松鼠的样子；再涂上颜色；最后，把眼睛挖成小洞。我把画好的小松鼠剪下来，在边上掏了两个小孔，穿上一根绳子，小松鼠头饰就做好了。我看着自己做好的小松鼠，很开心。

教师点评：这篇小作文句子通顺，选材来源于生活，写出了做头饰的原因和过程，正确地使用了表示先后次序的词“首先……然后……再……最后……”。结尾写了自己的感受，文章很完整。

——梁民清

我的同桌贾庆腾

雄县第一小学二（3）班 赵子成

我的同桌贾庆腾，今年九岁了，留着一头乌黑的短发，白净的皮肤上嵌着一双水汪汪的大眼睛，扁扁的鼻子下有一张能说会道的小嘴，显得特别帅气。

他是一个小画家。每当下课无聊的时候，他总是会拿起画笔，在纸上画上几笔。记得在一节美术课上，他三笔两笔就画了一幅《春天的田野》。看着他的画儿，我好像看到了蝴蝶在花丛中飞舞，好像听到了小鸟在枝头唱歌，好像闻到了花草扑鼻的香味。

他是一颗“劳动星”。我们每周五值日。早晨，他总是第一个走进教室，傍晚，他总是最后一个离开教室，就连下课休息，他手里也拎着把笤帚扫来扫去。他不惜用自己脏兮兮的小手，给我们换取一个干净整齐的教室。

他是一个开心果。有一次唐梦瑶捡了一支笔，问贾庆腾是不是他的，他说：“这不是本大人的。”我们哈哈大笑，他却一本正经地说：“男人嘛！沉稳点儿。”弄得站在一旁的我们哭笑不得。

这就是我的同桌贾庆腾，你们愿意和他做朋友吗？

教师点评：本文思路清晰，语言清新活泼，欢快明朗，字里行间跳动着童心。通过小作者自己细致的观察、生动的刻画，一个有才情、热爱劳动、性格开朗的小男孩形象跃然纸上。

——张雅静

找 春 天

雄县第一小学二（4）班　徐梓涵

春天来了！春天来了！

我们几个孩子脱掉棉袄，冲出家门，奔向田野，去寻找春天。

我们仔细地找啊找啊，终于找到了春天。我们看到燕子从南方飞回来了，我们听到小溪在叮叮咚咚地唱歌，我们闻到了花的香气，我们触到了小草的叶尖儿……

“沙沙沙”“沙沙沙”“滴滴答”“滴滴答”，春雨弹起了美妙的迎春曲。绿油油的小草被叫醒了，它慢慢探出脑袋，热情地和我们打招呼；粉红的桃花被叫醒了，它引来了一群蝴蝶翩翩起舞；淘气的柳絮被叫醒了，它跳起了欢快的舞蹈……

春天像个小画家，她画出了湛蓝的天空、洁白的云朵、明亮的小河、欢快的小鸟、漂亮的小朋友……春天太美太神奇了，我爱春天！

教师点评：这是一篇描写春天的小作文，许多地方恰当地运用了比喻、拟人和排比的修辞手法，抓住了“春”的特点，把看到的、听到的、感受到的一切关于春天的美好的东西写到习作里，让习作和春天一样生动和美好，表达了对“春”的喜爱。

——张海燕

春

雄县第一小学二（5）班　张宇彤

春天的气息慢慢地飘过来，
冰雪融化，泉水叮咚，
泥土渐渐地松软了，
小花小草都睡醒了，
灰白山水画中泛出一丝清新，
仿佛闻到了一股沁人的芳香。
春风轻轻地吹着，

就好像妈妈的手，
轻轻地抚摸着小朋友的脸颊，
啊！春天被春风妈妈抚摸醒了！

教师点评：文章构思奇妙，语言生动活泼，字里行间透露出清新的春天气息和儿童的情趣。

——刘海艳

我和春天的约会

雄县第一小学二（5）班　任昕怡

“草长莺飞二月天，拂堤杨柳醉春烟。儿童散学归来早，忙趁东风放纸鸢。”

大诗人高鼎的《村居》这首诗在老师的讲解下，让我深深地感受到了春天的绚丽多彩，体会到了春天的美。

星期天，我迫不及待地走出家门去寻找春天，享受春天带给我的快乐。

我来到公园里，小草早已从地里探出头来，尽情地渲染着属于春天的颜色，它们在微风的吹动下，不停地向我招手。各种各样的小花也在微风的吹拂下不断地向我点头，它们头顶上还有美丽的蝴蝶翩翩起舞，就像为小花带上了漂亮的发夹。

我来到小溪边，解冻的小溪正叮叮咚咚地唱着歌奔向大海，溪水里的小鱼小鸭也正在尽情地陪溪水一起唱歌、跳舞。

我来到田野里，桃花、杏花、梨花……都张开笑脸对我微笑，还不时地为我送上迷人的香气。

我来到广场上，小朋友们正在爸爸妈妈的陪同下快乐地放着风筝，我也迫不及待地加入其中。在春风的吹动下，我不停地拉着风筝奔跑，慢慢地，风筝在空中展开翅膀，越飞越高，就像一只展翅高飞的小鸟。我非常激动，好像自己也飞上了蓝天。

春天好美啊，春姑娘走到哪里，哪里就是一片七彩的春天，我无论走到哪里，都能感受到春天带给我的快乐。我喜欢春天！

教师点评： 文章开头新颖，用学过的一首古诗导入，十分艺术化。文章层次分明，用生动形象的语言，使读者仿佛置身于美丽的春天一般。结尾处集中表达情感，首尾呼应，一气呵成。

——刘海艳

春天来了

雄县第一小学二（6）班　王雪聪

春天来了！春天来了！春雨姑娘“沙沙沙”地弹奏着乐曲，轻轻地呼唤着冬眠的小动物。小动物们被叫醒了，它们有的在跳舞，有的在唱歌，还有的在参加动物春季运动会呢！大雁刚从南方飞回来，也参加了运动会，安静的森林一下子变得热闹起来。

公园里，万紫千红的花竞相争艳，成群的蜜蜂在采蜜，结伴的蝴蝶在跳舞。老人们有的在下象棋，有的在散步；年轻人有的在锻炼身体，有的在划船；小孩子们一批又一批地涌到游乐场玩儿。路旁，柳树姐姐骄傲地摇着它那美丽的辫子；小河两岸的嫩草似乎想闻闻春天芬芳的气息，一个个争先恐后地探出头来；花儿姐姐好像更想看看春天的美景，都把眼睛瞪得大大的。

啊，春天真美！

教师点评：小作者思路清晰，捉住最能表现景色的实物进行描写，描绘了春天的美好。

——刘月侠

钓　鱼

雄县第一小学二（6）班　高梓煊

在夏日炎炎的一天，小明兴高采烈地去到清澈见底的小河边钓鱼。小河里的鱼儿都在水中自由自在地游来游去。河边绿草如茵，两边的花儿争奇斗艳。小明身后的垂柳在微风中摇摆，他在静静地等着鱼儿上钩。忽然，小明觉得鱼漂动了，他赶紧一拉，小鱼上钩了！小明真是喜出望外，高兴极了！

教师点评：小作者条理清晰地写出了小明钓鱼的情景，抓住了主人公的动作、神态特点，一幅可爱的小儿垂钓图呈现在我们眼前。

——刘月侠

美丽的春天

雄县第一小学二（6）班　王希窈

春天来了，天气暖和了，爸爸妈妈带着我和弟弟去郊游。我们脱掉了冬装，换上了春装，走起路来都觉得很轻松，心情很愉快。

我看到了金黄色的迎春花，它是第一个欢迎春天的花儿。我还看见了柳树长出嫩嫩的绿芽，这让我想起学过的古诗："碧玉妆成一树高，万条垂下绿丝绦。"

我不光看到了美丽的景色，还听到了鸟儿在歌唱，闻到了花香的味道。我们在田野中放起了风筝，春风把风筝吹得又高又远，我们一边跑一边跳，玩儿得可开心了。

美丽的春天，我们爱你！

教师点评：小作者抓住春天的景物特点，运用拟人的修辞手法，把自己眼里的春天描绘得生动有趣。

——刘月侠

踢　足　球

雄县第一小学三（1）班　薛博阳

今天是星期一，下午有我最喜欢的一周一节的足球课，我早早地换好了足球鞋。足球课上，老师让同学们自由活动。我们六人商量去操场踢比赛，一场激烈的比赛就这样开始了。

我和张晨曦、刘家旭一组，田博文、车浩然、杨崇凯一组，双方站好，开始抢球。我飞快地向前冲，抢到了球，对手车浩然、杨崇凯两人也跑了上来。我急了眼，转身就往回跑，跑了一个圈发现自己被堵住了。这时我看见张晨曦在对手的后面，就慢慢地带球向前跑，将球从两人中间穿了过去。张晨曦接住球飞快地向前跑，把球传给了刘家旭，刘家旭一脚就踢进了球门。我们进球了！回到原来的位置，比赛继续，对方守门员猛地向前一扔，球一下子就飞到了球门里，哇！我好佩服他力气这么大，一比一打平。

我们又回到原位。我方守门员发出地滚球，球滚到了我的脚边。我快速地带球向前跑去，很快跑到了禁区的边缘。我飞起一脚踢了过去，球飞到了空中，球飞速下落的瞬间我赶紧一跳，用头顶了出去，然后又补了一脚，球进了对方的门里。哈哈，二比一我们胜利了！这时下课铃声响起来，我们的比赛也结束了。我们高兴地往教室走去，一边讨论比赛的过程，一边总结经验，对方却一言不发，我赶紧说："胜败乃兵家常事，这次你们输了，下次我们再一起踢球，你们就赢了。"他们这才高兴地笑了！我们也约定了下次的比赛时间。

踢足球不仅能锻炼我们的身体，也能锻炼我们的意志。踢足球关键是看团队的合作，平常我们做任何事也要发扬这种团队合作的精神！

我爱踢足球，我要努力练好球技，争取能进校足球队。

教师点评：梦想的力量是无穷的，兴趣是最好的老师。文章从细节中流露出"我"对踢足球的喜爱之情。从文章中还能看到"我"胜不骄、败不馁的良好心态。学生的成长不只局限于课本知识，还包括很多其他方面的观点及认知。

——高莉敏

清河公园真美

雄县第一小学三（1）班　杨葛笑

清河公园位于雄县县城西面，是建在大清河河堤上的一座公园。这里一年四季景色优美，是个美丽的地方。

春天，公园里到处呈现出一派生机勃勃的景象：长出嫩芽的千万条柔柳在微风中向人们招手，报春使者迎春花在告诉人们春天来啦！还有许多我叫不上名字的红的粉的白的花争奇斗艳；小草也钻出了地面给春日增添了一抹新绿。人们畅游在这美景中好不惬意，时而拍照留念，时而驻足观赏，凑到花前闭眼深呼吸，陶醉于花香中……

夏天，公园里许多高大、茂盛的树木像一把把撑开的绿伞，人们喜欢在大伞下乘凉休息。早晨是公园最热闹的时候，人们有的跑步，有的跳舞，有的练剑，还有的打球……早上我常和姥姥去散步，随着人流漫步在河边的长廊上，感受着河水带来的清凉，真是心旷神怡呀！

秋天，红的黄的树叶一片片飘落，像翩翩起舞的蝴蝶。树叶落在大树脚下，像孩子依偎在母亲身边。厚厚的树叶给大地盖上了温暖的被子。树上的叶子红的、绿的、黄的、褐色的……我想一定是哪个画家挥毫泼墨让这清河公园五彩斑斓。

冬天，翠绿的松柏依然挺立。雪后的公园里一片洁白，大地盖上了一层厚厚的棉被，树上一根根银条亮晶晶的。我和小伙伴们在雪地里堆雪人、打雪仗，玩得不亦乐乎。大人们也参与其中，仿佛回到了童年，重温那童年的乐趣。

清河公园真美，让我迷恋！

教师点评：文章开篇点题，这里一年四季景色优美，是个美丽的地方。接着小作者抓住了清河公园四季景色的特点，让我们领略到它的美丽。小作者运用了比喻、拟人的修辞手法，使所写事物充满了生机与活力。

——高莉敏

早上草原和黄昏森林

雄县第一小学三（1）班　张家碧

从前，有一个强大的帝国，那里景色优美，人民生活富足，它也因自己独特的生态环境闻名于世，国家也由此命名为“两境之国”。两境之国，四周环海，是一个小海岛，岛的东部叫作“早上草原”，西边叫作“黄昏森林”。顾名思义，东部的草原地带常年像早晨一样阳光明媚，而西边的森林永远都能看到傍晚的余晖。

这种宁静美好的生活，被一个女巫打破了。她是一只生活在黄昏森林的猫头鹰。女巫无恶不作，今天放火烧草原，明天弄坏农民的庄稼。国王派出了雄壮的军队去捉女巫，可是每次发现女巫的时候，它都会变成猫头鹰飞走，这让国王很是苦恼。有一天，女巫又出去做坏事了，她将一个牧羊人变成了一只鸡。其实这个牧羊人是一个巫师假扮的，他趁女巫不注意，偷偷地把自己变回了原形，又发动最强的魔法，把女巫化为了灰烬。

其实啊，这个巫师是一个宫廷巫师，国王看到自己派出去的军队屡战屡败，决定派他去对付那个女巫。因为女巫是猫头鹰变的，在黑夜里魔法最为强大，所以聪明的巫师才决定变身牧羊人，把女巫引到早上草原，这样可以大大削减女巫的法力。虽然女巫死了，但是她还有许多骷髅兵，这些骷髅兵开始大举进攻皇宫。国王调来了禁卫军，他们在巫师的率领下，把骷髅兵打得落花流水。同时，巫师还不停用魔法射线攻击他们。最后军队大胜，巫师带着战利品归来，人民又过上了安定的日子。

这个故事告诉我们，不要做坏事，即使侥幸逃脱，也只是暂时的；无论你多么强大，都会受到应有的惩罚。我们也要向巫师学习，懂得利用自身优势，这样不管是在学习中还是在生活中都会事半功倍。

教师点评： 文章能够通过丰富的想象，反映出意味深长的道理。插上想象的翅膀你会遨游在一片新的天空。

——高莉敏

神奇的小草

雄县第一小学三（2）班 李一萱

四季交替，我们身边的事物都会随之发生变化，就连最不起眼的小草也在变化着，不信你看——

春天，是万物复苏的季节。小草听到了春姑娘的呼唤，连忙从香甜的美梦中醒来，抽出了嫩绿的幼芽。

夏天，是五颜六色的季节。小草贪婪地吮吸着夏哥哥带来的阳光、雨露。为了感谢夏哥哥，小草们都争先恐后地生长，它们仿佛说着：“夏哥哥，谢谢你，我们会努力生长。”

秋天，是金桂飘香的季节。小草们都换上了金黄色的秋装。由于天气即将变冷，小草们都做好了冬眠的准备，它们有气无力地说着：“好困啊，我要快点回到大地妈妈温暖的怀抱。”

冬天，是寒风刺骨的季节。大地妈妈为小草们盖上了冬婆婆为它们准备的厚厚的棉被，小草们感到更暖和了，一个接一个地进入了甜甜的梦乡……

小草真神奇，每个季节都在悄然地发生着变化。小朋友们，只要我们认真观察就会发现哟！

教师点评：文章对“草”的描写很有特色，颇具童趣。小作者从孩童的视角，进行了观察描写，把司空见惯的事物写活了，给我们全新的感受，静静的画面充满了生机和活力，让人产生一种也想冲出屋门快去看看小草的冲动，可见小作者的描写多么传神！作为三年级小学生的习作，此文确实是一篇难得的佳作！

——文雅莲

第一次做饭

雄县第一小学三（3）班　田子正

我们的生活中有过许许多多的第一次：第一次野营，第一次得奖，第一次走夜路，第一次登台表演……一个个“第一次”就像一个个脚印，印在我们成长的路上。

在我成长的过程中，最难忘的第一次便是第一次做饭。

那是一个阳光明媚的早晨，我睡了个大懒觉才起床。哎！肚子好饿啊！我便喊“妈妈”！喊了几次并没有人回答。我想：妈妈是不是出去了？我吃些什么呢？家里只有饼干了，但我不想吃饼干，我真想吃妈妈做的那香喷喷、金灿灿的炒鸡蛋啊！

于是，我便想：我自己是不是也可以尝试做一次炒鸡蛋呢？有几次我是看着妈妈做炒鸡蛋的，在我的记忆中妈妈先打了几个鸡蛋放入碗中，然后在鸡蛋中放入了盐并拌匀，接着妈妈把油倒入锅中，等油热了以后，又把鸡蛋倒入锅中翻炒，最后把鸡蛋盛在盘子中。

这不是很简单的事情吗，只要几个步骤就可以了，于是我自己动手做了起来。

我从冰箱里拿了两个鸡蛋。这鸡蛋好像故意捣蛋，打碎它们的时候，非要跑到我的手上来，弄得我满手都是鸡蛋液，还有几个贪玩的碎壳跟着鸡蛋一起跳到了碗中。又是黏糊糊的鸡蛋液，又是掉入碗中的碎壳，这让我如何是好？但是聪明的我有办法，我先把手洗干净，然后又用筷子一点一点地把碎壳挑出。我觉得鸡蛋有点少，便又拿了两个鸡蛋打到碗中，这次打得好，没有碎壳。

我觉得差不多了便放入盐。好像有点少，再放一点，还是有点少，那就再放一点吧！

到了放油的环节了，哎呀！这油桶真沉啊！我使出全身力气才把油桶提了起来。等到放油的时候，这油非不听使唤，偏偏往外跑，幸亏我急时刹住了车，不过油还是有点多。我把鸡蛋倒入锅中，一会儿，“噼里啪啦噼里啪啦……”，这调皮的鸡蛋开始唱歌，又吐出了泡泡。我拿起铲子把泡泡弄破，真好玩！我拿起铲子翻炒，一会儿便把鸡蛋盛到盘子里了。

呀！妈妈回来了！我端出鸡蛋向妈妈“炫耀”。妈妈说：“样子挺好看的，也不知道味道怎么样！”说着，妈妈吃了一口鸡蛋，随后皱了一下眉头，但很快便消失了。我问：“怎么啦?”妈妈说：“没事，真好吃!”我尝了一口，呸！——真咸啊！

我失望地吐了吐舌头，妈妈安慰我说：“没关系，做成这样已经很不容易了，下回少放点盐就行了。”

这是我最难忘的第一次！

教师点评： 文章的精彩处是细节描写，把打鸡蛋过程中遇到的困难描写得很清楚。第一次炒鸡蛋虽然失败了，但是失败是成功之母，相信你下次一定会取得成功。

——张玉红

那次玩儿得真高兴

雄县第一小学三年级（3）班　杨雨萌

寒假中，爸爸妈妈为了兑现考试前对我的承诺，带我和弟弟去滑雪了。

进入滑雪场，我被眼前的景象惊呆了。哇，好大的滑雪场啊！游客真多啊！看着那么多的滑雪工具，我都不知道先玩儿什么了。

这时，弟弟指着不远处的两个滑雪圈说："哥哥，我们拉着雪圈去滑雪道玩儿吧！""好，咱们快去！"我说。

说时迟，那时快，我们拉着雪圈就朝雪道的方向跑去，跑着跑着，我脚下一滑，摔了个大马趴。弟弟看到后哈哈大笑，边笑边说："看看看，哥哥摔了个大马趴，真好笑。"看到弟弟笑我的样子，我很生气，心想："地这么滑，我就不信你不会摔倒，等你摔倒的时候，哼，看我怎么嘲笑你。"终于，我和弟弟在爸爸妈妈的帮助下爬到了雪道的顶端，我向下一看，好高啊！

弟弟说："妈妈，这也太高了，我不敢玩儿，我怕摔到我。"想到刚才弟弟对我的嘲笑，我摆出一副瞧不起他的样子说："你这胆子也太小了，简直就是一个胆小鬼，看我的，我先给你做个示范。"说着，我坐到了雪圈里，然后对爸爸说："等一下，等一下，等我坐稳你再放开绳索。"我磨磨蹭蹭了好一会儿，摸摸这儿，抓抓那儿，也没有准备好。爸爸看出来我是在害怕，就告诉我说："别紧张，放松、坐稳、抓紧、扶好。"我按照爸爸说的做了一下调整，终于鼓起勇气大胆地说："好了，开始吧！"爸爸把我和雪圈使劲推了出去。在向下滑的过程中，我的耳边响起了呼呼的风声，心脏都快要跳出来了。瞬间我就滑到了底端，真是太刺激了，但是却没有我想象的那样危险。

我赶忙跑到弟弟面前，炫耀地对他说："没事儿，没事儿，可有意思了，一点儿也不危险，你也来一次。"弟弟说："我还是害怕，要不然咱俩一起吧！""没问题，我抱着你，不要怕。"我说。于是，我抱着弟弟玩儿了一次，之后，弟弟就自己玩儿了起来。

滑雪圈告一段落，我和弟弟又钻到了悠波球里滚来滚去，互相碰撞，像碰碰车一样，可有意思了。除此之外，我们还玩了雪橇。雪橇分单人雪橇和双人雪橇，我都尝试了一下，虽然没有学会，但是玩儿得很开心。

那次我玩儿得真高兴啊！

教师点评：文章条理清楚，内容具体，有详有略，重点突出了玩雪圈这个游戏。语言描写也很细致，动作、神情、心理描写是文章的最精彩处，处处体现"玩儿得高兴"这个主题。

——张玉红

森林超市丢窃案

雄县第一小学三（4）班 王思涵

很久以前，在一个阳光明媚的早晨，啄木鸟阿姨来到森林超市，只见它长着一个圆圆的脑袋、一张尖尖的嘴巴和一条像刷子似的尾巴，还穿着一身五颜六色的衣服。"你要买些什么呢？"一位留着长胡子、戴着一副眼镜的山羊老爷爷问。啄木鸟阿姨说："我要买蜂蜜、虫子饼干和雪糕。"

山羊爷爷指了指："都在那边呢！"啄木鸟阿姨找了一圈，没有找到蜂蜜就问："为什么没有蜂蜜？""蜂蜜，刚才还有呢。"山羊爷爷一边回答说，一边也找了找，还真没有。"这旁边有些脚印，"啄木鸟阿姨吃惊地说，"难道是这些脚印的主人偷的？"山羊爷爷也走过来，只见这一排排的脚印，前爪是花瓣形，后爪是长长的。于是，它们沿着脚印的方向去寻找小偷。

在深林里，它们看见了小猫，于是灵机一动，对小猫说："我们正在举办最美丽脚印的活动，你愿意参加吗？"小猫高兴地答应了，于是它印下了一个脚印。可是小猫的脚印像一朵棉花，山羊爷爷心想："噢，你不是小偷。"

接着它们过了一条弯弯的小河，看见了一头小牛，于是把脚印的事情告诉了它。小牛也欣然同意了，它也印下一个脚印。但小牛的脚印像弯弯的月牙儿。"唉！"它们只好失望地离开了。

在一片碧绿的草地上，它们发现了小兔子。它们就把脚印的事情告诉了小兔子，小兔子也答应了，于是它也印了一个脚印，结果和森林超市里的一模一样。山羊爷爷看见了生气地说："原来小偷是你！"

小兔子发现骗不过去了，只好低下了头，把事情说了出来："我奶奶生病了，它特别想吃蜂蜜，可是我没有钱买，只好偷偷拿了一罐。"

山羊爷爷听过之后说："你怎么不早说，如果你奶奶以后还想吃的话，不要偷偷地拿了，直接过来告诉我，偷东西是不对的。"小兔子更加惭愧："我可以帮你干活儿，干完活儿您再给我可以吗？"山羊爷爷望着小兔子真诚的眼睛说："好吧！"

这时小兔子、啄木鸟阿姨和山羊爷爷都开心地笑了。

教师点评：你的想象大胆、丰富，着实令人吃惊。在你的笔下，童话故事绘声绘色，让人觉得新鲜、有趣。老师为你叫好！

——何金菊

秋天的童话

雄县第一小学三（4）班　杨萌蕊

秋天来了，天那么蓝，云那么白，小河旁边开满了玫瑰花。天上飞来了一群小鸟，他们高声喊着："秋天来了！秋天来了！"

国王说："我们开一个庆祝丰收的宴会吧！"听了国王的话，苹果树妈妈说："这个秋天我最棒，看我的宝贝们多漂亮，红彤彤的脸蛋，多像一个个美丽的公主呀！"

梨树妈妈不服气地说："看我们的宝贝，腰细细的，穿着黄袍子，还梳着长长的小绿辫，可比你们的胖公主好看。"

南瓜弟弟说："看我多结实，我们的火把多么旺盛啊！"

稻穗阿姨低着头笑着说："我们每个人都要学会谦虚啊！"

这时，啄木鸟飞了过来说："这个冬天我们饿不着了，我们给大树治病，让他们更加健康。"

突然从山上滚下来一个小球，大家仔细一看，啊，原来是只小刺猬，他正背着许多红果果回家呢！小刺猬害羞地说："我爱吃小果果。"

大雁说："我要走了，我要去南方过冬，把你们的故事讲给南方的伙伴听。"大家都恋恋不舍地向大雁告别。

他们的对话都被我听见了，我把他们美美地画在纸上。秋天的美好我都深深地记在心里。

教师点评：文章用清新有趣的语言描写了秋天热闹的丰收宴会，字里行间充满童真童趣，读来其乐无穷。相信你在今后的学习中会把更好的文章展现在我们眼前。

——何金菊

邻居家的小花猫

雄县第一小学三（5）班　刘思锦

邻居家有一只非常可爱的小花猫，经常来我家串门，有时还来我家偷嘴吃。小花猫一来我家看到我就冲着我撒娇，它的样子可爱极了！

仔细瞧，它有一身黄白相间的花毛，圆圆的脸上长着一对杏叶似的耳朵，特别灵敏，一双透亮灵活的大眼睛有趣极了！仔细瞧，那小花猫的眼睛会变，妈妈告诉我那是瞳仁。那黑黑的瞳仁一天要变三次：早晨，像枣核；中午，成了一条线；到了晚上，却变成了两只绿色的灯泡，圆溜溜的闪闪发光。小花猫的鼻子下面长着一张人字形的嘴，两边有六根长长的胡须，走起路来非常神气。

就是这只可爱的小花猫，每天放学后，我都坐在门口等它，看着它在我的脚边喵喵地绕来绕去。我也要养一只这么可爱的小猫！

教师点评：这篇文章从身边的小事写起，字少而精。通过笔尖文字的流淌，我们能感觉到小作者对小猫的喜爱之情。一个有爱心的孩子，心中充满着阳光，生活充满着希望，会成为社会中的一股正能量。

——刘党杰

我最喜欢的诗人——李白

雄县第一小学三（5）班　王焓钰

毛主席说过："饭可以一日不吃，书不可一日不读。"在老师和家长的陪伴下，我读了很多书。真是一日无书，百事荒芜。

我最喜欢的诗人是李白，上三年级的我越来越被他豪迈奔放的气质所折服。他想象丰富，诗句意境奇妙，跟随着他的诗句，我的脑海中呈现出一幅幅美妙的画面，也仿佛游历着祖国大好河山。

看：《望庐山瀑布》，那"飞流直下三千尺，疑是银河落九天"，我也好想把这三千尺的美丽瀑布做成自己的新衣，参加今年的"六一"儿童节联欢会。

听：《早发白帝城》中"两岸猿声啼不住，轻舟已过万重山"，我好想知道他的轻舟如果和我们的神舟飞船比赛，谁会赢呢？

《夜宿山寺》："危楼高百尺，手可摘星辰。"这么高的楼上，我也可以听嫦娥姐姐讲故事，顺便抱抱她的小玉兔。

登上金陵凤凰台，原来李白也有他的烦恼："总为浮云能蔽日，长安不见使人愁。"他是爱国，他是忧民。

我还学习了李白很多很多的诗，因为喜爱。最后用李白的一句诗来鼓励自己："长风破浪会有时，直挂云帆济沧海。"

教师点评：读书不仅会让一个人变得聪慧博学，还可以培养一个人的格局。一个人的格局有多大，舞台就有多大。

——刘党杰

国王和啄木鸟

雄县第一小学三（6）班 李苡娴

很久很久以前，遥远的森林里有一个城堡，城堡里住着一个小王子，小王子有一只啄木鸟。小王子非常喜欢这只啄木鸟，他们经常一起玩耍，生活得非常开心。渐渐的，小王子长大了，成了国王，娶了漂亮的王后。可是王后不喜欢这只啄木鸟，非要国王把它赶出城堡。国王不同意，为此他们经常吵架。啄木鸟伤心极了，但为了不让国王为难，它悄悄地飞离了城堡，来到了大森林里！

过了不久，国王病倒了，遍寻了名医也没有看好。人们都说，国王不久就要去世了！

国王得病的消息传到了啄木鸟的耳朵里，它可急坏了，于是偷偷地飞回城堡，来到了国王的窗前。它喊呀喊呀，怎么也喊不醒昏睡的国王。啄木鸟急得直掉眼泪，忽然，它想起森林里住着一位神秘的老人，他知道许多人们不知道的事情！于是，啄木鸟又匆匆飞回了森林，找到了老人，跟他说了国王的病情。老人说："在距离城堡一千公里远的地方，有一座百草山，山的最顶端长着一种红色的草，这种草可以医治好国王的病，但是路途太远，非常危险，你敢去吗？"啄木鸟坚定地说："为了国王陛下，再远再危险我都要把药采回来！"

啄木鸟上路了，它飞呀飞呀，一刻也不肯耽搁。忽然，狂风大作，电闪雷鸣，下起了大雨。大雨把啄木鸟淋透了，风吹得它迷失了方向。后来，它找到了一处山洞，避起了雨。山洞里又黑又冷，啄木鸟冻得瑟瑟发抖。雨停了，啄木鸟又开始了行程！它飞呀飞呀，眼见快到百草山了，天上忽然出现了一只老鹰，俯身朝它啄来！啄木鸟吓坏了，赶紧加快了飞行速度，躲到了一棵大树下，可还是不小心被老鹰弄伤了翅膀。它暗暗告诉自己，为了国王，再疼也要坚持下去。等到老鹰飞走了，啄木鸟艰难地扇动着受伤的翅膀，摇摇晃晃地飞到山顶，终于采到了老人说的红色的草。

国王吃了红色的草，真的醒了过来，他看到啄木鸟，落下了开心的眼泪。这一切都被王后看在了眼里，从此以后，她再也不让国王赶走啄木鸟了。于是，国王和啄木鸟又快乐地生活在了一起！

教师点评：这是一篇童话故事，讲述了啄木鸟在危急关头排除万难救治国王的故事。故事让我们明白了：人要学会感恩。文章语言流畅，用拟人化的修辞手法，亲切自然地表达了故事要告诉我们的道理。

——刘素菊

我有一个想法

雄县第一小学三（6）班　门祎曼

我发现，现在玩手机的人越来越多：过年聚会人人手机不离手；回到家，爸爸妈妈手机不离手，有时候我叫他们都不理我。

妈妈走路时总是看手机，也不管我了，直到我喊她："妈妈，等等我。"她才反应过来。爸爸也一样，总玩手机，很少陪我。有时我想跟他讲讲学校开心的事，可是他头都不抬地说："等会儿，等会儿。"

如果大人们能放下手机，多一点时间陪陪我们，和我们一起讲讲故事、做做游戏……那该多好啊！

于是我想了又想，决定要跟爸爸妈妈好好谈一次！我来到客厅跟他们大声说："爸爸妈妈，请你们放下手机，陪陪我。到底是手机重要还是我重要，我都想变成一部手机，那样就可以变成你们的宝贝了。"

爸爸妈妈听到我说的话都愣住了，他们连忙放下手机惭愧地说："闺女，我们爱的当然是你，你是我们最爱的宝贝！对不起，爸爸妈妈不应该总玩手机，以后一定多陪你。"我一听开心地跳了起来："太好了，一言为定！"爸爸妈妈一起点头答应。

最后我想对全世界的父母说一句："请放下手机，多陪陪我们吧！"

教师点评：这篇文章立意新颖，从孩子自身的感受向父母发出呼声：请放下手机，多陪陪我们吧！这不仅是孩子的呼声，也是社会的呼声！提醒我们每个人都要多关爱孩子！

——刘素菊

艾米和丽丽

雄县第一小学三（7）班　胡迅嘉

在美丽的银河系，有一个神秘又可爱的星球，名叫多多星。在这个小小的星球上生活的多多星人，都只有地球人一个手掌那么大。在这个星球上，有一个名叫艾米的多多星人，他一直特别向往地球，每天晚上都在阳台上仰望星空。

有一天，艾米实在太想去地球看看，于是开始动手制作宇宙飞船，这整整花了他一个月的时间。这艘宇宙飞船既不像火箭，也不像圆盘，它是一个球。艾米担心妈妈知道了不让去，于是，在一个夜深人静的夜晚，坐着他的飞船悄悄地离开了多多星。他给妈妈留下一张纸条，上面写着："妈妈，对不起，我想到地球去看看，很快就会回来，请不要担心我。"

艾米来到了地球，不禁感叹道："啊！好大好美的地球啊！"艾米把飞船停到了一个小院子里，然后从飞船里走出来，从虚掩的门缝中进入了丽丽的小屋。丽丽正在房间的地板上玩儿玩具，忽然看见一个小人进来，大吃一惊，吓得从地上蹦到了床上，用被子蒙住头。艾米说："你不用怕我，我是多多星人，是来这里玩儿的，你可以让我在你家住几天吗？"丽丽把头从被子里钻出来看着艾米，点点头，有点担心地说："好吧！"

第二天，丽丽带着艾米去了湖边。湖里的水又绿又清澈，艾米好奇地在湖的周围转来转去，还不停地问丽丽："这是什么？这又是什么？"艾米还用他的相机不停地拍照。丽丽看着艾米这般可爱的模样，开心地笑了。

第三天，丽丽带着艾米去了游乐场。艾米还是像昨天那样，把所有的东西都问了一遍，拍了一遍……

随后几天丽丽带着艾米到各种地方游玩，可是艾米想妈妈了。于是，艾米向丽丽告别，感谢她这几天的陪伴，然后坐上飞船走了。

回到家后，艾米见到妈妈大声喊："妈妈，我回来了！"妈妈听到艾米在喊她，赶紧跑过来，带着责备又心疼的语气说："孩子，为什么不和妈妈说好就跑出去呢？"艾米流着眼泪说："对不起妈妈，是我不懂事，让您担心了，以后我再也不会这样了。"艾米和妈妈紧紧地拥抱在一起！

教师点评： 生动优美的语言、新颖别致的写法，让人仿佛眼前流过一条小溪，清纯、可爱。

——张军平

我们的校园

雄县第一小学三（8）班 薛舒阳

我们的校园位于雄县县城的西南部，校园一年四季景色各异，是我成长的摇篮。

走近我们的校园，首先映入眼帘的是一条笔直的小路。小路两旁站着穿着红衣服的叔叔阿姨，那是我校的护学队员，他们不是交警，但他们动作优美，指挥到位。小路的中央有两条白线，我们放学时，都排着整齐的队伍，走在白线上，好像一条长龙缓缓行进。

春天来了，学校操场北面的树上鲜花盛开，有白色、粉色、紫色，色彩缤纷，美丽极了，微风一吹，可以闻到淡淡的花香。花瓣从树上落下来，真像一只只飞舞的蝴蝶。我们在花树下争先恐后地抢花瓣，闻花香，真是快乐无比。柳树也绿了，柳枝也软了，柳枝垂下，远远望去，一棵棵柔柳，真像睡梦中的仙女。花坛中央的大松树高高地挺立着，像一位背着枪的战士。春天的校园像母亲的怀抱，温暖，柔和！

夏天，下课铃声一响，我们都像放飞的小鸟，一起奔向塑胶操场。操场像一块碧绿的草坪，我们穿着五颜六色的衣服在操场上做游戏，真像草坪上盛开的一朵朵鲜花。

秋天，风爷爷来和我们打招呼，顿时我们就凉爽多了！校园的杨树每天唱歌，叶子从树上纷纷扬扬地落下来。我们在树下捡树叶，有的树叶像星星，有的像镰刀，拿到教室让老师看，老师说：“树叶像我们的小手。”地上的落叶厚厚的，我们走在上面就像走在地毯上，真舒服！

冬天，是最有趣的季节，也是我最喜欢的季节。我和同学们都盼着下雪，因为下了雪，我们就可以堆雪人，打雪仗了。今年的冬天也没有让我们失望，雪花如期而至。我和好朋友一起堆雪人，打雪仗，我打他，他打我，你追我赶，快乐极了！

我们的校园真美呀！我爱我们的校园，我们在这里起航，翱翔在知识的海洋。

教师点评： 小作者抓住了校园四季不同的特点，把自己闻到的、听到的、看到的，描绘得有声有色，给人身临其境的感觉。文章运用了比喻、拟人的修辞方法，抒发了作者对学校的深爱之情。

——任顺萍

这儿真美

雄县第三小学三（1）班　许天畅

我的家乡白洋淀，有“华美明珠”之称。这里一年四季景色诱人。尤其到了夏季，游客纷至沓来，都想一览荷花盛开的美景。而我却独爱秋天的白洋淀。

秋天到了，秋姑娘先洒下一阵秋雨赶走夏日的炎热。

或许，你认为秋天去白洋淀，已经是枯叶残荷。其实不然！更美的风景，更绚丽的秋色，就隐藏在金黄的苇秆里，飞舞在漫天的芦花里，和肥美的淀鱼、河蟹一起，绽放在舌尖的味蕾里……

百里苇海将变成一片金黄，银灰色的芦花在万亩大淀随风飘荡，像蒙蒙的细雪，唯美而浪漫，也像伞一样，蓬蓬松松，白花花的一片。风乍起时，风吹花动，此起彼伏。

我爱秋天，更爱秋天的白洋淀。

这儿真美！

教师点评： 该文构思精巧，详略得当，语言优美，文辞简练。最突出的是别开生面，推陈出新。一般人都以为白洋淀之美在于盛夏，在于“接天莲叶无穷碧，映日荷花别样红”，小作者却别出心裁，用细腻的文笔勾勒出“秋到白洋满淀金”的奇丽景象，立意之妙尤为可贵。

——白晓英

这儿真美

雄县第三小学三（1）班　王奕梦

我的家乡白洋淀，位于河北省中部，这里风景优美，物产丰富，是个可爱的地方。

春天，淀里的冰雪融化了，清亮亮的淀水在阳光的照射下泛着金光；岸边的柳树姑娘摇着它那一头绿色的长发；芦苇的嫩芽从地下探出头来，好像在说：“春天来了，春天来了！”

夏天，白洋淀的景色最美啦！乘一只小船，向淀里驶去，只见河道两旁的芦苇郁郁葱葱，密密麻麻连成一片，真像绿色的海洋。忽然，在芦苇的顶端，一只美丽的翠鸟似乎受到了惊吓，飞了起来，落在对面的桅杆上。岸上成群结队的麻鸭嘎嘎嘎地叫着，在寻觅食物，有的跳下水悠闲地在水面上划过来、划过去，它们时而张开翅膀，拍打着水面，时而一头钻进水中，追逐着鱼儿……

往前行驶不多远，又大又圆像绿盘似的荷叶，便映入眼帘。它们挨挨挤挤，把水面遮得严严实实。那大朵大朵的荷花，从绿色的圆盘间冒出来，粉的像霞，白的像雪，美丽极了。一阵微风拂过，它们便仰起笑脸，漾着绿色的裙摆，手拉着手，跳起舞来，随之阵阵清香扑鼻而来，沁人心脾。有的荷花谢了，结出一个可爱的小莲蓬，摘下一个，剥开皮，露出一个白胖胖的莲子，吃一个脆脆的、香香的。成群结队的小鱼在荷叶下游来游去，嬉戏玩耍。泛舟淀上，真如在画中游赏一般。

秋天，荷花谢了，只留下一些高高的低垂着头的枯黄的莲蓬，静静地站在那里，如同一幅水墨画。岸上的稻子成熟了，金色的波浪层层叠叠，如同金色的海洋，真是一片丰收的景象。

冬天，淀水结了冰，小朋友们穿上厚棉衣在冰上玩耍，欢快的笑声飘出很远；大人们拿锤子在冰面上砸个小洞钓鱼。淀里的芦苇也收割了，放眼望去，到处一片白茫茫，真是一个银装素裹的世界。

我爱我的家乡，这儿真美！

教师点评：文章紧扣“风景优美，物产丰富”这个主题展开，按时序把白洋淀四季之美完整地呈现在读者面前，文笔之细腻、语言之生动，让人印象深刻。“清亮亮”“白胖胖”等叠词既生动又富有韵律美，尤其是大量形象的比喻，让画面之美跃然纸上，令读者回味无穷。

——白晓英

可爱的小知了

雄县第三小学三年级　张家宜

今天早上，我和弟弟发现了一只小知了。那只知了很小，也很可爱。它有两个像灯泡一样的眼睛，一对又轻又薄的翅膀，还有六条像小木棍一样的腿。

开始，我和弟弟都很怕它。因为我们一碰它，它就发出“知了知了……”的叫声，好像在说：“不要碰我，不要碰我。”后来，妈妈告诉我们，知了并不可怕，还把知了放在她自己的胳膊上，让它慢慢爬。妈妈要放在我的胳膊上，开始我不敢，过了一会儿，我的兴致来了，于是闭上眼睛，让妈妈把知了放在我的胳膊上。随之我大声尖叫起来，妈妈立刻把知了拿走了。我还想让弟弟试一下，没想到他像一阵风似的躲开了。原来弟弟比我还害怕。我一不小心把知了翻了一个身，知了扑腾了半天，也没翻过来。于是，弟弟拿了一根小木棍轻轻弄了一下它的屁股，它就轻而易举地翻了过来。知了真好玩！

该走了，我和弟弟都想把它带回家，放在瓶子里。妈妈说：“把知了带回家，过不了几天它就死了，我们还是让它在大自然里自由自在地生活吧！”听了妈妈的话，我和弟弟把它放了。走的时候我们还跟它说：“小知了，拜拜！我们还会来看你的。”

教师点评：知了的外貌描写很形象，玩知了写得有趣生动。一篇好作文，一定是情感的流露。

——陶咏梅

小 雨 滴

容城县赵村小学三年级 耿嘉乾

今天小雨淅沥淅沥地下个不停。

我走在上学的路上，看见细雨像散落的珍珠一样落在地上、小草上、树上……

我自言自语地说，小雨滴是不是在悄悄地跟植物们说话呀！我仔细地听，最后终于听到小雨滴对植物说的话了：朋友们，你们要快快长大呀！

我走着走着，不知谁叫了我一声大哥哥。我东张西望，也没看到是谁。最后小雨滴忍不住了，大声喊道："我是小雨滴呀！"

我嘿嘿了几下，才问："小雨滴，你找我有什么事呀？"

小雨滴大声哭起来，说："妈妈不要我了。"

"那我怎么帮你呀？"

小雨滴说："大哥哥，等晴了天，你把我画在风筝上，然后，对着天空许个愿，把我放飞起来，我就能找到妈妈了。"

我看到小雨滴眼睛里闪着金光，就同意了。我对小雨滴说："放心吧，小雨滴，我一定会尽全力帮你找到妈妈的。"

小雨滴听了高兴地笑了。

教师点评：文章充满童心童趣，想象力丰富，小雨滴的样子以及和小雨滴的对话，写得情趣盎然。文章的字里行间，爱心满满。

——张晓东

可爱的小狗

北京中关村三小雄安校区三（9）班　李晗姝

我家有一只可爱的小狗，它的名字叫二黄。它的身体是黄色的，尾巴是黑色的，耳朵是黄黑两色，好像两个小扇子，非常可爱！它还有一双水汪汪的大眼睛，好似天上闪闪发光的星星，又好似晶莹的宝石。另外，它的毛非常柔软，摸上去，就像是二黄的大毛衣。

二黄特别贪吃。有一次，我拿着一块白花花的馒头站在门前津津有味地吃着。这时，二黄一个箭步跑到我的面前，用恳求的眼神看着我，还吐着舌头，好似跟我说："小主人，我也想吃馒头，可以吗？"可我不想给小狗吃，就假装用手一抛。一看到小狗转过头去，我就飞快地逃跑。当二黄回过头来，一看我不见了，就飞快地追我。我越跑越快，二黄也对我穷追不舍。当我筋疲力尽时，只好向二黄求饶，把馒头掰了一点给它。你们说它是不是很贪吃？

我家这只小狗还很勤劳。每当有陌生人来时，它都会冲陌生人汪汪大叫。但是熟人来了的话，它会摇晃着小尾巴去迎接。

这就是我家可爱的小狗！你们喜欢吗？

教师点评：小作者笔下的小狗写得活灵活现，用生动准确的动词精确传神地表现出小狗的神态、动作。老师非常喜欢！

——张新宇

神奇的雪

北京中关村三小雄安校区三（9）班　谢昀芷

冬天来了！冬天来了！秋姑娘带着真挚的祝福和无限的眷恋悄悄地离开了我们，冬姑娘微笑着朝我们缓缓走来——冬天来了！一切是那么美、那么静，令人陶醉其中……

瞧，这漫天飞舞的雪花是那么美丽。雪落在汽车上，像给汽车穿了一件白色的棉袄，它可能是怕汽车冷吧。雪落在地上，人一踩就发出咯吱咯吱的声音，踩完雪再踩地板，就觉得鞋底滑溜溜的，好像要摔倒一样。雪摸上去凉丝丝的，而且会慢慢地变成水。我很好奇，为什么雪放在手上会融化呢？哦，原来因为我们的手是热的。我想了想才知道，冬天下雪可能是为了让人们春天不用给大地浇水，麦子也能长好。因为冬天的雪覆盖了大地，春天，通过阳光的照射，雪融化成了水，水渗进了大地，给了它们水分，所以麦子才会长好，才会有一个好的收成。正所谓：瑞雪兆丰年啊！

雪是不是很神奇呀！

教师点评：文章开头用了拟人的修辞手法，写出了小作者对雪的喜欢、期待。然后，她走进雪地，感受踩在雪地上“咯吱咯吱”的快乐，以及雪落下来凉丝丝的感觉。最后，她发出“瑞雪兆丰年”的感慨，展望了第二年的丰收。

——张新宇

雪神的魔法

北京中关村三小雄安校区三（9）班　张家悦

啊！下雪了，下雪了！我立刻奔向大地，白茫茫的雪，好漂亮啊！

淘气又善良的雪神，终于来了。快看，爱撒娇的雪神又不听妈妈的话了，撇着嘴说：“我要和小朋友们玩耍，我要和小朋友们玩耍。”说着，雪神就扇着翅膀飞走了。飞到半路，雪神想：我用另一种方法来到地面吧，这样，小朋友们会更喜欢我。于是，雪神去掉翅膀，在半空中跳着优美的舞姿来到地面。真美啊！远远望去，它们真像一颗颗雪白雪白的小绒球。它们全部落下时，大地就像铺了一层白绒球地毯，摸一摸，冰冰凉凉的。我伸开手，等小雪花落到我手上，还没看清是什么样子，它就迅速融化了，变成了小水滴，真有趣。它们给小汽车穿上了厚厚的棉袄；给绿油油的松柏点缀上了一颗颗会发光的小星星，一闪一闪的，好像一棵圣诞树；把世界变成了白茫茫的。

雪神想真好玩，下次旅行，我一定会把房子也变成一个大雪球。

接着，淘气的雪神又给小朋友们戴上一顶白白的帽子，使小朋友们感到冬天的寒冷。雪神和小朋友们打雪仗、堆雪人，玩得真开心！

在我心里，雪给我们带来快乐、忧伤、寒冷，所以我称呼雪是一个魔术师。而且小雪花让人们踩、摸，它都没有抱怨，就像水壶被火烧着，依然吹着欢快的小泡泡。

教师点评：小作者把雪看成一位淘气、善良的孩子，并施加魔法，使地上的万物美丽、神奇，同时也写出了雪的无私的品质，如“让人们踩、摸，它都没有抱怨”，用儿童的视角给我们展现了雪的神奇。

——张新宇

雪 娃 娃

中关村三小雄安校区三（8）班 徐一凡

“下雪啦！终于下雪啦！”我兴奋地叫了起来。我一出家门，就看到地上已经有了一层积雪。天空仿佛是一个巨大的、无边无际的舞厅，小小的雪娃娃们在里面欢快地舞蹈着、歌唱着。音乐家——风，也来给它们伴奏，让它们的舞姿更优美、歌声更动听。它们跳累了、唱累了，便慢慢地飞下来，轻轻地落在楼顶上、地面上、树枝上、灌木丛中，有的还会调皮地落在人们的头顶上、肩膀上。

被车压过的马路上，有两道黑黑的车轮印，车轮带起的雪，随风飞到了半空中，好像在埋怨打扰了它们休息似的。不一会儿，地上已经积了厚厚一层雪。雪娃娃们是担心大地妈妈冷吗，要不怎么会给大地妈妈穿上一件洁白的外衣？

人们常说冬天没有生机，可雪娃娃的到来让冬天活了起来。多美的雪啊！我爱这白雪飘飘的冬天！

教师点评： 小作者抓住冬天特有的“下雪”景色，细致地进行观察，并对观察到的情景展开富有个性的想象，从“空中的舞台”写到“大地妈妈”的外衣，我们仿佛也站到这雪地里，和“雪娃娃”们一起舞蹈、歌唱、玩耍！

——任景先

我的朋友——小兔子

中关村三小雄安校区三（8）班　刘佳帅

我的朋友是个男孩？不，是一只活泼可爱的小兔子。小兔子穿着一身白衣服，长着四条力量极大的小腿，两只特长的耳朵，还有一双通红通红像红宝石一样的眼睛。

小兔子有很好的生活习性，从来都不会随地大小便。因为它有固定的卫生间，就是它小时候住的笼子。不过有时也会闹出笑话。有一次爸爸去给小兔子清理便便，小兔子又蹦又跳的，好像很着急，可我们也不会读心术呀，所以还是让爸爸去倒便便了。爸爸回来之后，小兔子急火火地冲进笼子，不顾自己的淑女形象，拉起了便便。哦，原来小兔子是憋了一些便便呀！小兔子拉完便便之后也许是害羞了，三步并作两步地冲到床底下，用小眼睛偷偷地看着我们。

我的小兔子不仅讲卫生，而且还是一个“滑板热爱者”。你不信？那就来看看吧！小兔子和我一样，都有一个属于自己的滑板。自从小兔子得到滑板的那一天，就喜欢上了滑板。小兔子每天都要练习，终于学会了滑滑板。

有一次我俩进行了一场滑板比赛。比赛开始了，我和小兔子快速地滑了出去。一开始，小兔子便占了上风，也许是小兔子得意忘形了吧，滑得越来越慢，结果被我反超了。小兔子发现我出现在它前面，气得眼睛比原来更红了。“不好，有杀气!”小兔子像打了鸡血一样，脚飞快地在地上滑着，滑板都快飞上天了！小兔子滑着滑板超过了我，小兔子肯定要赢了。“哎，如果我比一只兔子滑滑板都差，那以后我的颜面何在?”我心里暗暗叫苦。谁知小兔子要到终点了，却怎么也刹不住车，一下子撞在了墙上。我不急不慢地滑到终点，冲小兔子吐着舌头，说：“你输了。”小兔子一脸的不服气，好像在说：“如果你是一只兔子的话，咱们再比，我肯定赢。”

兔子朋友，“友谊第一，比赛第二”啊！

教师点评：孩子的心是透明的！有了这位“朋友”的陪伴，小作者的生活充满了缤纷色彩。小兔子仿佛也有了神奇的“本领”——会着急，会说话，居然还会滑滑板！字里行间充满“童真童趣”，让每一位读者都产生要养一只小兔子的愿望！

——任景先

美丽的白洋淀

中关村三小雄安校区三（8）班　任则语

白洋淀位于我的家乡——河北雄安新区，那里风景优美、物产丰富，是个可爱的地方。

夏天是白洋淀最热闹的时候，令我印象最深的是一望无际的荷叶，挨挨挤挤的，像一个个大玉盘。荷花有黄的、白的、粉的，还有紫色的。荷花离荷叶很近，好像躺在荷叶上似的。

白洋淀的水可清澈了，而且还很平静，让我不由自主地想起了“湖光秋月两相和，潭面无风镜未磨”的诗句。河里还有嬉戏的小鱼，它们有的躲在荷叶里玩捉迷藏，有的在比谁跑得快，可真有意思！蜻蜓在白洋淀里也很出色呢，它飞得很快，我怎么也捉不到。小蜻蜓玩累了，有的停在美丽的荷花上休息，有的停在碧绿的荷叶上休息。

白洋淀不仅景色优美，物产也很丰富，河虾、螃蟹、鸭子，应有尽有。

白洋淀真不愧是“华北明珠”啊！

教师点评：本文情景交融、条理清楚，让人读后有身临其境的感觉。

——任景先

春天来了

中关村三小雄安校区三（8）班　高浩淳

春天阳光明媚。不远处，微风吹过，小鸟从南方飞回来了，仿佛在用鸟特有的方式说：我回来啦！接着小鸟就唱起了春天的歌。蝴蝶听见小鸟的歌声，仿佛心有灵犀般也跟着翩翩起舞，庆祝春天的到来。嫩芽们也按捺不住雀跃的心情，从泥土中探出了头，有的弯下腰，低着头，和大地说起了话；还有的挺直了腰，沐浴着春风，抖擞着精神，同蝴蝶、小鸟打着招呼，聊着天。小花儿那边也热闹得很，它们办了一场比美大赛。有的花朵已经盛开，有的只开了两三片花瓣，有的还是花骨朵儿，粉红、雪白、大红，一丛丛、一簇簇，朝气蓬勃又可爱。不论它们是什么形态、什么颜色，都是最美的，因为春天是最美丽的季节。春天来了，万物复苏，一切都热热闹闹、生机勃勃。我们小朋友们也要珍惜这大好的春光！

教师点评：小作者的看图作业语言优美、生动活泼，运用了拟人的修辞手法，想象小动物们在聊天、歌唱，花儿们在比美，最后想到了自己要珍惜这大好时光，好好学习。由美好的春天想到了自己，这是一种升华。

——任景先

谁该吃这块奶酪

中关村三小雄安校区三（8）班　常润涛

一群蚂蚁正在到处寻找食物，忽然一只小蚂蚁——“小小”发现了一块奶酪，他立刻把消息告诉了蚂蚁队长。于是蚂蚁队长召集队员来到奶酪这里。

看着诱人的奶酪，蚂蚁小分队可炸开了锅，有的开心地说：“这块奶酪可是我弟‘小小’找到的，应该我吃。”有的说：“队长，我都快饿死了，请给我吃吧。”有的说：“您是队长，您先吃。”还有的装作可怜兮兮的模样说：“队长先给我吃吧。”队长看看蚂蚁群，又看看正在找食物的小小，说：“小小这块奶酪给你吃。”小小惊讶地说，“队长，为什么给我吃?”蚂蚁队长说：“因为你懂得分享，没有因为这块奶酪是你找到的就自己吃，而是告诉了大家。”队长话音刚落，大家就羞红了脸，低下了头。可是小小说：“奶酪虽然是我找到的，但是我根本搬不动它，我们是一个大家庭，应该分享。”大家都为小小鼓掌。

于是，蚂蚁队长把奶酪分成许多小块分给大家。

于是，大家都吃到了香甜可口的奶酪！

教师点评：文章流畅、生动，主题是分享，教给小朋友在生活中也要懂得分享，珍惜友谊！

——任景先

谁该吃这块奶酪

中关村三小雄安校区三（8）班　张顺涵

一群饥饿的蚂蚁正在四处寻找食物，忽然一只蚂蚁发现了一大块奶酪，于是他叫来其他伙伴一起来搬。蚂蚁们争先恐后地行动起来，尤其是年龄最小的蚂蚁弟弟，举着双手，咬着牙，奋力地抬着奶酪。

走到半路，蚂蚁队长不小心碰掉了奶酪的一角，蚂蚁们开始小声地嘀咕起来："这块奶酪该给谁吃呀？"蚂蚁队长说道："大家都累了，先停下来歇会儿吧！"等大家放下奶酪后，蚂蚁队长问大家："你们认为应该给谁吃呢？"一只老蚂蚁说："应该给我吃，因为我年纪大。""应该给我吃，因为我饿得走不动了。"蚂蚁哥哥有气无力地说。蚂蚁队长说："掉下来的奶酪我觉得应该给蚂蚁弟弟，他年龄最小，但是抬奶酪一点儿都没偷懒。"大家都异口同声地说："赞成，赞成，赞成！"蚂蚁弟弟把奶酪送到哥哥面前说："哥哥吃吧！"蚂蚁哥哥红着脸说："弟弟，还是你吃吧，我不饿。"最后，这块奶酪送给了最年长的蚂蚁爷爷。

休息好了，大家抬起奶酪，不一会儿就到了洞里。蚂蚁队长把奶酪一块一块地分给大家。大家吃着奶酪，脸上都露出了幸福的笑容！

教师点评：文章的主题是谦让，奶酪的发现者没有把奶酪据为己有，小蚂蚁也没有因为自己年纪小，就吃下奶酪。“谦让”是我们小朋友们要学习的。

——任景先

善良与邪恶

中关村三小雄安校区三（8）班　杨承熙

从前，有一个国王，他的花园里有一棵神奇的玫瑰花。玫瑰花由一只啄木鸟守护着。

不久，这件事传到了魔王的耳朵里。一开始，魔王对此并不感兴趣，可是，魔王慢慢变老了，他想：“我要是吃了那朵花，一定会长生不老的。”

于是，魔王开始了他的偷花行动。他把自己变成了一个士兵，想假装给花浇水然后把花偷偷摘走。不过，啄木鸟很快就识破了他的诡计，并把他赶走了。魔王逃走时，趁啄木鸟不注意，向它喷出了一股毒气，把啄木鸟迷晕了。魔王把花摘走了，又在原地插了一枝假花。

魔王回到家，兴高采烈地一边煮花一边说：“哈哈，我马上就要长生不……”他“老”字还没说出口，就听见了震天的喊杀声。原来，醒来后的啄木鸟发现花被调包了，赶紧报告给了国王。国王知道后，立刻率领部队来到魔王家。魔王赶紧出来迎战。这魔王会一种叫“点物成石”的法术。国王的许多士兵都被变成了石头。

这时，国王举剑向他砍来。魔王拔下一撮头发，想把头发变成火烧死国王。可是，国王的剑已经砍掉了他的手腕。

煮玫瑰花用的火，也是魔王的头发变的。魔王死后，他的法术就失效了，那火自然就熄灭了。而那些石头士兵也恢复了原样。于是，国王带着他的士兵和玫瑰花回到了宫殿里，又过上了快乐的生活。

教师点评：小作者的想象力丰富，语言活泼生动，故事情节曲折完整，读起来趣味性很强。故事最后正义战胜了邪恶，说明了小作者正义感很强。

——任景先

猜猜她是谁

中关村三小雄安校区三（2）班 李思彤

我们班有这样一位同学，她中等个儿，不胖不瘦，头发又黑又亮，总是扎着一个马尾辫；眼睛大大的，像两颗黑宝石，一闪一闪的；眉毛浓浓的，像月牙；小小的嘴巴红红的；平时很爱穿裙子，非常漂亮。

她特别爱笑，一句好玩儿的话就能让她笑个不停，笑起来的时候还有两个小酒窝。

她喜欢舞蹈，每天晚上都练习舞蹈动作。

她是一个乐于助人的人。记得有一次，我没有带铅笔，她看到了，马上借给我一根她最喜欢的铅笔。

同学们，猜猜她是谁呢？

教师点评： 文章构思完整、短小精悍。小作者能抓住外貌、性格、爱好和品格等方面的特点来写人物，同时侧重人物外貌和品格描写，语言也比较简练，把一个漂亮、性格开朗、爱好舞蹈、很有爱心的小姑娘呈现在读者眼前。

——陈宝银

日记一则

中关村三小雄安校区三（2）班 安梓程

9月29日 星期六 晴

因国庆放假需调休，所以今天我们上周四的课。这一天，也是我们最盼望的一天，因为周四大课间是“嘉年华”活动，可以做我们喜爱的游戏。

大课间到了，当我们排着整齐的队伍到达操场时，体育老师给我们安排了一个非常刺激的游戏，那就是班级“接力跑”比赛。老师给我们整好队，男生排成两排，站在操场草坪东边，女生排成两队，站在操场草坪西边，男女生相对的为一组。

比赛开始了，男同学先跑。我方男同学像离弦的箭一样向女队跑来，把对方选手甩在了后面。顿时，同学们的加油声震天响。赛场上，我班两组队员都不甘示弱，你追我赶，拼全力奔跑。

终于快轮到我了，我前腿弓，后腿绷，伸出手臂，做好了接棒的准备。当我方女生把“接力棒”传递给我的时候，我紧紧地握着接力棒，像一只猛虎飞跃出阵营，向我方女生阵地跑去。我拼尽全力飞奔，心想：“一定要超过前面的对手，为我组争光!”此时，大家的加油声比刚才大了好几倍！我不能让大家失望，比刚才跑得更快了。当我把“接力棒”传到女生的时候，大家的掌声、欢呼声再次响起，此时我感到非常开心！

看，操场上每个班的两组队员都在赛场上进行着激烈的角逐，加油声、掌声和欢呼声彼此起伏，响彻操场。

正当我们玩得正开心的时候，只听体育老师说："游戏结束，各班带回！"我们这才恋恋不舍地回到教室。希望下次"嘉年华"活动会更精彩！

教师点评： 小作者抓住人物的动作和自己的心理活动进行了细致的描写，并运用了比喻的修辞手法，生动地描写了比赛场面，表达了自己对嘉年华活动的喜爱之情。

——陈宝银

森林超市

中关村三小雄安校区三（2）班　孙思宇

有一只小猪在森林深处开了一家"森林超市"。

一天早晨，第一位客人小猫来买东西。小猫买了三个鸡蛋，可是，他忘带钱了，就对小猪说："小猪哥哥，我忘记带钱了，可不可以明天下午再给你钱？"

小猪笑着说："可以，我在墙上画三个鸡蛋就表示买鸡蛋的钱还没有还。"

第二天，小猫一大早就去河边钓鱼，钓上了许多又大又肥的鱼。小猫把鱼拿到森林市场卖了很多钱。

下午，小猫把钱拿到森林超市还钱。小猪说："我把画在墙上的鸡蛋中间画一条线就等于你还完了买鸡蛋的钱。"

过了几天，小猫又来买东西。小猪说："小猫弟弟，你上次买了一串糖葫芦还没还钱呢。”小猫疑惑地地说：“我好像没有买过糖葫芦呀！”小猫说不清，只好把钱付给小猪。

小猫回到家来，他突然想起上次买了三个鸡蛋，小猪在中间画了一条线，原来小猪把它们当成了糖葫芦。

小猫跑到森林超市，急切地对小猪说：“小猪哥哥，我上次买了三个鸡蛋，没带钱，你在墙上画了三个圈；后来，我还了钱，你又在三个圈中间画了一条线，表示钱已还清。”

小猪也想起了上次的事，就把钱还给小猫，并向小猫道歉，还专门准备了一个记账本。

小猫把这件事告诉了森林里的所有动物，从此小猪开的这家超市变成了森林里最好的诚信超市，生意可红火啦！

教师点评：文章想象力丰富，构思新奇，语言生动，故事有趣，蕴含人与人要互相理解、讲诚信的道理。

——陈宝银

橘　子

中关村三小雄安校区三（2）班　唐天雪

橘子圆圆的，好像一个肉包子。不知道谁把颜料桶打翻了，洒得到处都是，把可怜的小橘子染得青一块黄一块，好像穿了一件迷彩服，而且衣服上还有密密麻麻的小坑，难道是穿了一件透气的迷彩服吗？

剥开橘子，里面有许多个橘瓣姐妹围坐在一起说悄悄话。拿起一瓣橘子放在手里，像一个金元宝。里面的果肉像一颗颗小宝石一样，亮晶晶的。

轻轻地咬一口，酸甜可口，好吃极了。听老师说，橘子含有大量的维生素C。所以大家一定要多吃橘子哦！

教师点评：小作者观察仔细，想象丰富，恰当地运用拟人和比喻的修辞手法，把小橘子、橘瓣和果肉的外形特点写得生动形象，表达了自己对橘子的喜爱之情。

——陈宝银

啄木鸟的森林超市

中关村三小雄安校区三（2）班　张王杭

啄木鸟在森林的小河边开了一家超市。它把玫瑰花种在超市周围，花香四溢。小动物们都被吸引过来了，纷纷来赏花，顺便买东西。超市里面的商品应有尽有，连狮子国王也来买厨房用具。啄木鸟超市的生意可红火了！

冬天来了，小河结冰了，夕阳照射在森林超市的木橱窗上。啄木鸟想："这样下去太冷了，我要生火取暖。"于是，它在火炉里点燃柴火。

这时，小松鼠来买东西，啄木鸟就去接待客人了，忘记了火还在燃烧。火一下子蹿了出来，烧到了货架、窗户。

啄木鸟刚送走了小松鼠，回头一看，超市的窗户已吐出了火舌，吓得它赶紧呼叫附近的居民，把狮子国王也叫来了。大家一起把大火扑灭了。

啄木鸟连声说："谢谢！谢谢大家！"

狮子国王语重心长地对啄木鸟说："火灾无情，千万不要再这样马虎大意了，幸亏没有引起森林大火。"

啄木鸟羞愧地低下了头。

从此，啄木鸟做事情再也不马马虎虎了，每天都认认真真、按部就班地做好每一件事。它还在超市前竖起一块木牌，上面写着："小心用火，火灾无情。爱我森林，从我做起。"此外，它还购进了许多消防器材，每当有顾客来，它还积极地宣传消防知识。超市的生意也越来越红火了。

教师点评：小作者想象力丰富，根据几个词就能编出一个有趣、有教育意义的童话故事。文中的环境描写、语言描写和心理活动描写比较生动，叙事清楚，结构完整。

——陈宝银

橘　子

中关村三小雄安校区三（2）班　高若曦

今天语文课上，老师给我们每人发了一个橘子，让我们观察橘子。

我仔细地观察起来。这个橘子像个胖娃娃，身子圆圆的，穿着一身黄绿相间的迷彩服，头上扎着丸子头。剥开橘子皮，立刻跑出来了十几个橘瓣兄弟，这十几个兄弟紧紧地抱在一起，有点舍不得分开。它们围坐在一起，好像在聊天，聊哇聊哇，聊了很久……

我轻轻地掰下一瓣，咬了一口，味道酸甜可口。我听大人说橘子不仅含有丰富的维生素，而且用橘子皮泡水喝可以止咳，还能去火。

橘子浑身都是宝呀！我喜欢吃橘子。

教师点评：小作者观察仔细，恰当地运用比喻和拟人的修辞手法写出了橘子、橘瓣的外形特点，从味道、营养和功效写出了橘子全身是宝的特点，表达出对橘子的喜爱之情。

——陈宝银

美丽的落叶

雄县第三小学三（4）班　贾润森

秋天来了，树上的叶子要回家了！

你看——银杏树的叶子穿上了黄色的裙子。它们有的像一把小扇子，扇出了金色的秋风；有的像树姑娘织出的小蝴蝶，正在给小动物送信呢；有的像一双双手，正在给蝴蝶鼓掌呢！

你瞧——枫叶披上了大红袍。它们有的像是在山上滑滑梯，把屁股给磨红了；有的像在跳水，一下子跳进了工人的油漆桶；还有的像是喝了辣椒水，吐出了红扑扑的火苗，把树林都烧红了。

你再看——泡桐树叶换上了黄绿色的毛衣。有的好像要去火焰山当蒲扇；有的好像去找蝴蝶仙子彩排；还有的好像找小朋友们去玩耍啦！

……

秋天的落叶，我想为你朗诵古诗，我想为你唱首歌，还想为你画幅美丽的画儿。

教师点评：小作者调动视觉、听觉，用充满童趣的笔和真挚的情感写了落叶的样子、颜色，为我们描绘了一幅美丽的画卷。

——张晓东

小　云　朵

雄县第三小学三（7）班　王子钰

从前有一个小云朵，他长着大大的眼睛，红红的嘴巴，一对美丽的翅膀。小云朵有一位师傅，他叫风伯伯。

有一天，风伯伯传授给了小云朵三个本领：第一个本领是七十二变；第二个本领是变颜色；第三个本领是起死回生。

风伯伯说："你已经长大了，本领也学成了，你能不能帮我去拿回我的魔法书？"小云朵说："能。"

小云朵走遍了世界各地，遇到好多困难。有一回，小云朵朝后面一看，看见了一个大怪物。他用风伯伯教他的七十二变吓走了大怪物，终于找到了魔法书。

教师点评：没有想象就没有创造，小作者笔下的云朵是一个漂亮的小男孩，还会七十二变，在周游世界的过程中克服了好多困难，很值得一读。

——张晓东

我和嫦娥过一天

雄县第三小学四（1）班　许睿婕

在一个阳光明媚的早晨，我收到一张由云彩寄来的邀请函，原来是嫦娥姐姐邀我去游览广寒宫，陪她过一天。

收好信，我就踏上云彩，开启了“腾云驾雾”之旅。

哇！天上可真是星光闪闪，圆月皎洁呀！

登上月亮，我就看到了美丽无比的嫦娥姐姐，她说：“月亮上暗的地方叫作‘海’，有云海、湿海、静海等；明亮的地方是星罗棋布的环形山。山水相接，层峦叠嶂，真是‘远近高低各不同’啊！”

巨大的环形山旁，有一座冰雕玉琢的宫殿——广寒宫。一进广寒宫，正对门口悬挂一张巨大的月图，图前摆放着红木座椅，还有一个小香几，将整个大厅点缀得古色古香。

从广寒宫出来，就是后院。一股淡淡的清香伴着云雾缭绕，沁人心脾，原来这里有一片桂花树。风一吹，朵朵桂花纷纷落下，犹如蝴蝶在翩翩起舞！不远处有一座小房子，上面写着“玉兔捣药室”，噢，原来玉兔是在那里捣药的。走进屋里，玉兔正双膝跪地，手握玉杵，把液体变成可以长生不老的蛤蟆丸。

转眼间，一天结束了，我恋恋不舍地离开了广寒宫，告别了嫦娥姐姐回到了人间。此时已是明月当头，我似乎看见嫦娥姐姐抱着她的玉兔在对我笑……

教师点评：文章构思奇妙，想象奇特，遣词造句准确生动。在神话传说的基础上，小作者以丰富合理的想象和生动多彩的描述，向我们展开了一幅神秘、迷人的月宫美景图，字里行间透露出儿童情趣，结尾令人饱含期待与热情，言已尽，意未了。

——郭志华

假如我有一双翅膀

雄县第一小学四（2）班 胡梓煊

假如我有一双翅膀，我会飞去英国的新森林看一看。我从书中了解到它是西欧古老树木的集中地，拥有广阔的荒地、崎岖的海岸线和狭窄的道路，可以骑自行车轻松探索。这个宁静的英格兰角落是逃离伦敦喧嚣的完美之地。

假如我有一双翅膀，我还想飞到地球最南边，去看看那美丽的冰雪世界。听妈妈说冰雪世界，有许多雪山、冰凌漂浮在海洋上。那里一片雪白，是纯洁的象征，是我最喜欢的颜色。在南极，虽然没有花草树木，但是海洋里有许多海藻，最重要的是岸上有我最喜欢的企鹅，它们摇摇摆摆的样子，给冰雪世界增添了无限生机。

我想凭借这无所不能的翅膀，飞到那世界屋脊———青藏高原去看看。听说那里是藏羚羊的天堂，是伸手可及蓝天白云的地方，就是一个仙境。

我还要去看很多很多地方，开阔眼界，增长知识，从“平凡的小书生”变成“神奇的百事通”。我想看历史悠久的故宫，看纽约的自由女神像，看非洲的好望角，看华丽的悉尼歌剧院……假如给我一双翅膀，那该多好啊！

教师点评：孩子插上了这一双想象的翅膀，带我们环游了地球，大开眼界！文章语言流畅，言辞优美，情感自然流露，深深感染读者！

——武红娟

足球风波

雄县第一小学四（2）班　刘航睿

今天在足球课上因为一个球门而引发了一场足球风波。作为当事人之一的我虽然当时很气愤，但是现在想来真有些惭愧。

事情的经过是这样的：足球课一解散后，我们足球队的几个小伙伴抱着球一溜烟地奔向了操场的足球场地。当时，我们在操场上只发现了一个球门，后来一回头，看见有一个没人用的球门，就把它搬到了我们所在的这个球门对面，开始了我们的足球比赛。当我们踢到第二场时，赵子棋、韩佳琦、许子康等同学跑过来要搬走球门，说他们早就过来了，只是去找球了。于是为了一个球门，我们双方争得面红耳赤，不可开交。最后，我们一致决定找武老师评理，看是哪方的错。老师听了我们双方陈述后，就笑着对我们说："咱们在班里开一个评理大会吧，让同学们来评判你们是哪方的错。"于是在班里我们双方各自讲了事情的经过，我们双方再一次吵得个个脸红得像大红苹果。但是班里其他同学都认为我们双方都不对，都太自私，光想自己玩，心里不想着他人。真是"当局者迷，旁观者清！"在大家的开导和批评中，我们双方都认识到了自己的错误，然后我们都向对方道了歉。

这场足球风波解决了，也让我明白了一个道理，做人要懂得谦让，懂得和大家一起分享才是真正的快乐！

教师点评：小作者通过自己的亲身经历写出了自己的真情实感，通过一件小事反映了一个大道理！

——武红娟

我的爱好

雄县第一小学四（3）班　刘雨暄

我今年十岁，上小学四年级。我的爱好是画画儿，长大以后想成为一名画家。

我有一头乌黑的长发，一双不大的眼睛和一张小小的嘴巴。最令我高兴的是，我有一双灵巧的手，能画出令大家赞赏的画儿。我喜欢画人物、风景、小动物……我的画儿经常得到同学、老师和家人的夸奖。

听妈妈说，我两岁左右的时候就开始画画儿了，只不过是画在我们家的墙上。我在墙上画满了各种各样的小人物和小动物，但是大人并没有批评我，而是买来画笔和纸，鼓励我在纸上画。看来，我喜欢画画儿是与生俱来的。

我画的最多的是一家团聚的场景。爸爸、妈妈、我和弟弟快乐地生活在蓝天白云下，旁边有炊烟袅袅的房子，有在草地上嬉戏玩耍的小动物。我多希望这成为现实啊，爸爸不用长期在外地工作，我们一家人可以永远幸福快乐地生活在一起！

除此之外，我还会画城堡、树屋，连美术老师都夸我有想象力呢！

有时，我会因为画画儿忘记了吃饭、睡觉。有一次，我居然忘了去上体育课。因为我太喜欢画画儿了，妈妈带我去美术培训班跟专业的老师学画画儿。

你们看，我就是这么一个天生爱好画画儿的人。朋友们，祝愿我“画”有所成吧！

教师点评：文章开头点明主题，起到统领全文的作用。文章语言通俗易懂，贴近生活实际，读来令人倍感亲切。全文描写灵活，笔调轻松，叙事畅达，抒发了小作者的真挚感情。

——刘丽荣

我的爱好

雄县第一小学四（4）班　韩思钰

我天生爱动，走到哪里都是一个活跃分子。为了让自己静下来，我练习过书法，结果还是失败了。“天生我材必有用”，后来我爱上了跳舞，从此在跳舞的路上越走越顺。

我学习拉丁舞已有五年，对舞蹈的热爱简直达到了如痴如醉的地步。无论走到哪里，只要听到合拍的音乐，我的舞蹈细胞就会迅速活跃起来。记得有一次，我和妈妈去买衣服，商店门口都放着各种音乐，有轻缓的，有摇滚的，我一路走一路跳，完全沉醉其中无法自拔，一条五十米的街被我们足足走了一小时，吸引了许多路边的叔叔、阿姨们，他们有的居然还给我录了下来发到了抖音上，我也算火了一把。

我的进步离不开舞蹈老师的精心指导。老师对我要求非常严格，别人能做到的动作我得做好，别人做不到的动作我也得做好。她经常站在我身边亲自反复示范，让我的每个动作都力求达到完美。真是严师出高徒啊！每次舞蹈大赛我都能拿奖。通过学习舞蹈，我知道了要想在某一方面取得成功就得精益求精并进行不懈的追求。

我热爱舞蹈，还有一个最重要的原因，那就是可以增强自信，使我有勇气展示自我。在刚开始学舞蹈时，我就像一只刚出壳的小鸡，面对大家的注视伸展不开手脚，不敢抬头。虽然老师经常让我抬头挺胸，但我的眼神还是躲躲闪闪的，更别提在别人面前一展舞姿了。可自从经历了一次舞台表演，我就从一只丑小鸭蜕变成了一只白天鹅。

记得第一次登台，我在后台紧张得总想上厕所，反复去了好几次，手心、后背全是汗，真想放弃。可再抬头看看同班的小伙伴们，他们都眉飞色舞，谈笑风生，要知道她们可都比我小啊！我告诉自己不能这么没出息，于是心里默念一万遍："你行！肯定行！"就硬着头皮上台了。走到台中央时，看到台下有那么多的观众，还有明亮的灯光照着我，我顿时感觉自己就像小明星一样，紧张的情绪跑得无影无踪。我出色地完成了表演，获得了热烈的掌声。我终于知道了自己最大的敌人其实就是自己，只要勇敢地迈出第一步就能收获一路的花香。从此，我无所畏惧。

我的爱好不仅让我变得漂亮、有气质，也让我收获了自信、勇敢和坚持。我会更加努力学习让自己变得更优秀。

教师点评：这篇习作真实地写了孩子的亲身体验和切实感受，最可贵的是孩子从中有所感悟。文章语言天真纯朴，笔触活泼幽默，让人读来亲切自然，又感同身受，是篇值得推荐的习作。

——高娟

游北京海洋馆

雄县第一小学四（5）班　白子琦

北京海洋馆真大呀，里面的海洋鱼类和生物又多又新奇。

进了海洋馆的大门，就来到了有名的触摸池。触摸池里有一群海星，有五角的、六角的。那些五颜六色的海星，上面都是硬硬的，而背面都是软软的，像一朵棉花糖。

观赏完触摸池，我们就来到了海底隧道。抬头仰望，玻璃里面有各种各样的鱼：五彩斑斓的小丑鱼，藏在沙子里的魔鬼鱼……突然，一只大鲨鱼向我游来，张开大嘴巴，露出了锋利的牙齿，它是要吃掉我吗？吓得我赶紧躲藏到妈妈的身后。妈妈笑了，说：“别怕，它在玻璃里，出不来。”这时我才恍然大悟，哎，好丢脸呀！

从海底隧道出来，我们就来到了水母的秘境。水母五颜六色、大小不一，有的两只水母手和手拉在一起，好像在互相问好；有的向外伸展，好像在伸懒腰；有的晃来晃去，好像在跳舞。水母像云朵那么轻，如仙子般翩翩起舞，颜色像彩虹那么绚烂，好美好美！

海洋馆里的海洋生物真是种类繁多，希望你也来细细观赏。

教师点评：游览路线十分清晰，能够抓住事物特点进行描写。小作者观察仔细，描写细致入微，流露的都是真情实感。

——孙会敏

金　鱼

雄县第一小学四（5）班　陈雨泽

爸爸买来几条小金鱼倒入鱼缸，鱼儿扑通扑通跳了进去，嘴巴一张一合，头和尾巴一摇一摆地游来游去。从此，我便有了一群新朋友。

金鱼头顶那对乌黑发亮的大眼睛，好像两颗闪闪发光的宝石，很明显地凸出着。它们的鳞片是橘红色的，尾巴如片片红纱。

这些金鱼很贪吃。我把鱼食撒在鱼缸里，小小的颗粒迅速散开，均匀地漂浮在水面上，鱼儿立即从四处游来，头一扭一扭、嘴巴一张一合拼命地吃着。鱼儿的尾巴左右摇摆着，像一朵朵盛开的橘色的花随风摇曳，像片片蝴蝶的翅膀翩翩飞舞，像一件件仙女的衣裙柔软飘逸。不一会儿，鱼食被吃得一干二净，真是一群贪吃鬼！虽然鱼食已被吃净，鱼儿们却迟迟不肯散去，心疼它们的我，便又给它们撒了一把。妈妈说它们像我一样贪吃，嘿嘿，也许吧！

有时，我靠近鱼缸，并不想喂食，它们也会游来，似乎在说："主人，什么时候开饭呀？别看我们的大肚子是鼓鼓的，其实里面只剩下空气了，快开饭吧！"这些贪吃的家伙！

我家的金鱼既贪吃又胆小。有一次，邻居家的小弟弟用手拍了一下鱼缸，水面被震荡出一圈圈波纹。鱼儿们惊慌失措，四处逃散，有的跃出水面，有的撞在玻璃上，有的躲藏在水草间，有的钻进假山的缝隙里。我赶紧把小弟弟抱到一边，给了他几个玩具陪他玩儿。然后，我偷偷瞅了一眼鱼缸，看到鱼儿们又在一摇一摆地玩耍了，这才放了心。

无聊的时候，它们就在水草间穿梭，或是跟在其他鱼后面追逐，嘴巴不停地、快速地一张一合着。它们是在喝水吗？还是在呼吸？或者是在自言自语？

有时，我会羡慕这些小鱼，它们是那么的悠闲自在；有时，我也会为它们感到难过，它们一生的视野不过鱼缸这么大；更多的时候，我会感激它们，因为它们是我童年的伙伴。

教师点评：文章描写细致入微，内容丰富有趣，感情真挚，文笔优美流畅。可见文章源自小作者的真实生活，来自小作者长期的细心观察。

——孙会敏

文具盒里的争吵

雄县第一小学四（6）班 赵 灿

一天晚上，夜空中挂着一轮明月，星星调皮地眨着眼睛，四周万籁俱寂，一切都安静地睡着了。突然，文具盒里发生了争吵。

铅笔首先跳出来，不可一世地说："我的本领最大！要是小主人没有我，就不能写字了。"钢笔火冒三丈地说："我的本领才是最大的，小主人没有你铅笔，还可以用我写字呢！另外我的墨水更持久，写出的东西更容易长久保存，比你铅笔可强多了！"橡皮也不甘示弱地说："我的本领也不小，铅笔你写错了字，画错了画儿，还不是要靠我和我的兄弟涂改液来修正？没有我，你根本没有办法保证书写内容干净整齐。"转笔刀也耀武扬威地说："铅笔，你别忘了，要是没有我，你一断，就没办法写字了，我的本领也不小呢。"墨水也争先恐后地说："钢笔，你不知道是我给你了墨水你才可以写字吗？哼！"

文具盒看大家都争执不下，站出来说："这样吧，我有办法证明谁的本领最大，你们每个人写一篇作文，要求：300 字、卷面干净、字迹工整，限时 30 分钟，现在开始吧！"

铅笔飞快地写了起来，不一会儿，出现了一个错别字，因为没有橡皮，只好划掉。钢笔肚子有点涨，一不小心滴了一个大大的墨点，一着急笔尖又在纸上戳出了一个洞，这下作文更没办法看了。橡皮写不出字，反倒把纸擦烂了。转笔刀用平时攒的铅笔灰洒在纸上，结果风一吹，字不见了，变成了白纸一张。墨水在一点一点地倒自己的墨，一不小心，倒了一大堆，白纸变成了墨纸。它们看看自己的"杰作"，羞愧极了！它们终于意识到每个人的力量都是有限的，团结的力量才是最大的。

从此，文具们再也不炫耀自己的本领了，它们互相帮助，取长补短，帮助小主人写出了很多好文章。

教师点评： 因为矛盾，从而引起争吵；因为争吵，从中得到反思；因为反思，从而悟出团结的力量是最大的。小故事，大道理。正如文中所说的：“互相帮助，取长补短，才会写出很好的文章。”写文章如此，为人处世更是如此。

——董丽君

一次失败的尝试

雄县第一小学四（7）班　张敬轩

我心血来潮特别想种花。妈妈说我没有种过花，没有经验，建议种耐活的水仙花。于是，我拿上钱就去买了一盆“洋葱头”——水仙花。

我把水仙花放到我们家的阳台上，每天都给它浇水，还专门给它做了一个照看计划。在我的悉心照料下，它渐渐长大，葱头顶上的绿芽长得又高又粗壮。日子一天天地过去，水仙越长越高，可是一尺多高的叶子由葱绿变成了黄绿，像个老爷爷似的无精打采。我心想可能是水浇得太少了，平时浇一小杯，以后就浇两大杯吧，再让它多多晒太阳，让它快点儿长大开花。

水越浇越多，水仙花越长越高，叶子却越来越黄……

一天中午放学回家，我发现我的水仙花全部“卧倒”了，像一丛杂草没有了精气神儿。我生气地问妹妹：“是不是你把我的水仙花弄坏了？”妹妹连忙解释。妈妈也说不是妹妹弄坏的，而是我给它浇的水太多了。我惊讶不已，原来对植物的爱也要有度有法——水仙花每周浇一次水就可以，也不能总晒太阳，还要注意控制温度，这样水仙花的叶子才不会长得太快，导致营养跟不上从而发黄折断。养花和妈妈对待我一样，不能溺爱，什么条件都满足我，我真后悔呀！

失败是成功之母，希望下次我能做得更好，养出芬芳的水仙花。

教师点评：文章文思敏捷、意愿纷呈，字里行间流露出的人生体验的逐渐丰富和思想感情的细腻让老师感到惊讶。希望你再接再厉，努力尝试，成功的桂冠必将属于你。祝你的小花早日盛开！

——张翠红

读书点亮人生

雄县第一小学四（8）班　高子淳

我常常选择一个悠闲的下午，从书架上拿出一本书，一边在阳台上懒洋洋地晒太阳，一边一脚跨进由杨红樱、杰克·伦敦、J. K. 罗琳、曹文轩、沈石溪等作家为我编织的世界里。

笑猫有四个孩子：胖头、二丫、三宝和小可怜。老四小可怜没能活过春天里的一场寒流，这让笑猫一家十分伤心。但笑猫的其他三个孩子都很有出息：胖头学会了笑，为一个患自闭症孩子带来很多快乐；二丫学会了唱歌、说人话；三宝则当上了“搜救猫”，在地震后与人一起挽救生命。

混有狗血统的狼——白牙，他的前半生凄惨、暴躁、野蛮，后来幸运地遇到了威登·司各特这个仁慈、善良、富有的主人，被激发出了狗的情感，过上了安稳、悠闲的生活。

哈利·波特在一岁时，父母被有史以来最邪恶的黑巫师伏地魔杀害，这注定哈利以后的日子会有不少麻烦，因为伏地魔并没有真正死去。十三年以后，伏地魔靠着仆人的帮助重新复活，但后来还是在一场混战中像一个凡人一样死去。这全是哈利的功劳。

葵花是一位雕塑家的女儿。这位雕塑家在下放到乡下的时候，被淹死在一条水流湍急的大河里，留下了孤身一人的葵花。后来葵花被乡下大麦地的一户人家收养，从此她有了爸爸妈妈奶奶和一个哑巴哥哥。哥哥叫青铜，两个人特别爱玩，脑子里总有一些奇思妙想。当葵花被接回城里的时候，她最舍不得的是她的哑巴哥哥。

母狼紫岚一直有一个愿望，就是让自己的子孙当上狼王，因为这是她的伴侣黑桑的遗愿。可是现实非常残酷，她自己的四个狼子先后死去，紫岚只好把希望寄托在自己的狼孙身上。为了保护狼孙，紫岚与曾经吃掉过自己狼子的老雕同归于尽。

在他们为我编织的世界里，《笑猫日记》里有温暖，有痛苦，有自豪，有悲伤；《白牙》让我感慨大自然野蛮的弱肉强食，感慨人类有善良，有残忍，有伟大，有无知；《哈利·波特》充满刺激，他的人生有麻烦，有冒险，有失去亲人的撕心裂肺，有杀死伏地魔要经历的重重难关；《青铜葵花》让我感受到纯美的兄妹情谊;《狼王梦》则使我体会到母狼紫岚追逐梦想的执着与艰辛。

读书的乐趣，就在这优美的字里行间。她像泓泓清泉，滋养着我饥渴的心田；她像盏盏明灯，指引着我前进的方向。读书，充盈着我的灵魂；读书，点亮了我的人生！

教师点评：文章感情真挚，内容丰富，文笔流畅，可见小作者有较丰富的读书积累，既从读书中获得了快乐，也从快乐中收获了很多感悟。

——高俊服

落　叶

雄县西狄头小学四年级　张家晨

秋天来了，树上的叶子要回家了。

你看——银杏树的叶子穿上了黄色的衬衫。有的叶子像黄色的蝴蝶，在空中翩翩起舞，请我们参加它的舞会。有的叶子像黄色的巴掌，在空中摇来摇去，它在说：“快来和我玩儿你拍一，我拍一呀！”还有的像迷你小扇子，对着我们扇来扇去，送给我们一些凉爽。它们在说：“再见了，我们明年再见，秋天！”

你瞧——山坡上的叶子穿着一件大红袍。有的像是没有完成作业，把家长叫来了，小脸害臊的红了。有的像是和同学去玩儿，撞到了树上，脸全都撞红了，它说：“疼死我了。”还有的像是偷吃了老干妈专用的辣椒，辣得它从树上快速地跑了下来。

你再看——路边绿色的梧桐树换上了黄色的大衣，它像猪八戒的耳朵耷拉着，像黄色的蒲扇扇来扇去，还像小鸭子在雪地一扭一扭留下的脚印。它们被秋风吹到了大树妈妈的脚下，对大树妈妈说：“您别难过了，我们会化成肥料，报答您对我们的养育之恩，明年我们还会再来陪伴您的！”

望着满天的落叶，我思绪万千……我要把这篇文章送给亲爱的大树妈妈。我要给您背首诗：“落红不是无情物，化作春泥更护花。”我要给您画幅画儿：蓝天、落叶、大树、土地……

秋天的落叶真美呀！

教师点评：小作者熟练地运用“补充联想法”，为我们描绘了一幅美丽的画卷。此文画中有景，画中有情，是一篇不可多得的佳作。

——张晓东

我的军人梦

龙湾镇龙北小学四年级　张俊哲

每一个人都有一个五彩斑斓的梦，你想知道我的梦想吗？让我悄悄地告诉你吧！我的梦想是当一名军人，保护祖国和我的家园。

每当我看电视看到八路军战士为了人民而光荣牺牲，我就想当一名军人。听说当军人得经过各种艰难考验，我不能让这件事阻拦我的脚步，于是我就学了武术。

为了学好武术，我在家里也练习拳法、套路，每一次流下汗水，我都非常的开心，因为我付出了，努力了。每一次练体能，即使腿累得连上下台阶都困难，我也很开心，因为我的体能提升了。经过努力，我终于学会了武术。但是因为作业多，我不得不放弃了武术。我心里虽然有遗憾，但长大了我还可以继续练武术，当军人。

某天晚上，我做了一场梦，梦见自己特别厉害，敌人拿枪射不到我，扔手榴弹炸不到我，但是敌人特别的狡猾，往我身后扔了一个超级大的手雷。只见方圆一公里白光闪过，战场上的人全部倒下……

我坚信，只要不断努力，梦想终究会实现的。

教师点评：文章结构严谨，小作者把自己的梦想通过具体事例向我们娓娓道来，具体不空洞。

——庞雅坤

我和孙悟空过一天

雄县第三小学四（9）班　郭子玥

有一天晚上，我做了一个奇怪的梦：我梦见我和孙悟空过了一天。

孙悟空把我带到了白骨精洞前，大喊一声："妖精，快点儿出来见见你孙爷爷！"我一听这分明是在挑衅白骨精，吓得打了一个冷战。孙悟空安慰我说："不用怕，有我在，那只妖精不敢吃你。"话还没说完，白骨精就从洞里冲了出来说："孙悟空，你好大的胆子，看我今天不收拾收拾你！"说着他们便打了起来。

孙悟空从耳朵里掏出金箍棒。白骨精从嘴里吐出一口气变成了许多白骨精，围在孙悟空身边。可孙悟空并没有因此而失败，而是用他的火眼金睛识别出了真正的白骨精，给了她当头一棒。白骨精没有就此罢休，她隐身起来，想在孙悟空身后掐死他，可孙悟空早就察觉到她了，又给了白骨精当头一棒。这次白骨精是真的死了，只剩下一堆白骨。

孙悟空走过来说："怎么样，俺老孙厉害吧！""厉害，厉害！孙悟空你太厉害了，三两下就把白骨精打死了！""今天我高兴，我们一起去花果山吃果子去吧！"

丁零零，丁零零，闹钟响了，哦——原来这只是一场梦啊！

教师点评：写梦就是写想象，小作者把西游记中的故事情节移到了梦境，这样的梦还可以再做得新奇些，比如孙悟空和你一起穿越，一起坐宇宙飞船，探索未来的宇宙。

——陶咏梅

我的小外甥

雄县第一小学五（1）班　苏钊汐

我有一个小外甥，他叫白鹏，在我们家办的幼儿园上学。

白鹏是一个淘气的小孩，今年五岁了，黑黑的头发，短短的鼻梁，小小的耳朵，一双小眼睛虽然不大，但平时一眨一眨的还显得挺机灵，樱桃小嘴什么都会说，每天都喋喋不休地说着什么。他说话的语速很好玩儿，总是逗得我哈哈大笑。他有时还不讲理，总是哭闹。

有一次，我去班里接了他，来到妈妈的办公室。这时一位幼儿园老师买来了两袋糖果，我高兴得不亦乐乎，拿起糖对白鹏说："嘿，鹏鹏，你吃一袋吧！"以前胃口异常大的他居然说："我不吃了。"我拿着两袋糖，陪他玩儿了一会儿。玩儿累了，我拿出了一袋糖，准备吃糖，白鹏忽然说："我要吃，你快给我，不然我就打你！"我生气地说："你不是不吃吗？再说了，你不应该这样和我说话，这样很不礼貌，你知道吗？"白鹏可不管这些，他生气地蹦了又蹦，最后抱住我，还在我腿上狠狠地咬了一口。我马上推开他，跑到了厨房那儿，他便追过来并大喊："给我糖，大笨猪。"这时的我已经顾不了这些了，只知道跑。我"逃"到了一个小屋里，下意识地锁住了门，才松了一口气。后来，一位阿姨抱走了白鹏，我才脱离了"危险"。这时，我脑海里忽然浮现出了这样一句话："白鹏静起来像个呆子，疯起来可要了命呀！"

虽然他很淘气，有时还不讲道理，但他还是那个最可爱的鹏鹏，什么时候都在陪伴着我，我很喜欢他。

有一次，我俩出去玩儿，我骑着自行车在前面行驶，他在后面追，我看他累得气喘吁吁的，很心疼，就停了下来，对他说："白鹏，你坐上来试试，我带着你。""好！"白鹏爽快地答应了。他一上车就紧紧地抱住我的腰，脸贴着我的背，我忽然有一种当家长的感觉。就这样，我带着他这边骑骑，那边骑骑，有时还会按两声铃铛，说："您的专车到了。"他便高兴地回答："好，专车，我上来了。"我们玩儿了半天才回家。

白鹏已经成了我生活中的开心果，虽然我们有时闹点小矛盾，但我真的很喜欢他的可爱与调皮。我爱我的小外甥。

教师点评：文章内容具体，语言细腻，感情真实，中心明确，字里行间流露出对小外甥的喜爱之情。

——许莲花

觅　春

雄县第一小学五（2）班　栗馨悦

哦，春天！

如果有谁问我与谁在一起最快乐，我会毫不犹豫地说，我沐浴春天最快乐。

春，你来匆匆，去匆匆，但我还是在婀娜多姿的柳叶下发现了你。柳树是位爱美的姑娘，一看到自己的好伙伴，就带上自己的绿发卡，随风摆动，在阳光下开心成了一道道优美的弧线，像一条轻盈的绿丝带，围绕着阳光，包裹着白云……哈，一位爱美的姑娘！

呵，你又留下了蛛丝马迹。看呀！你把小河冰冷的心融化了，她变得温柔了，她变得开朗了，她变得活泼了，她奔腾着，她欢呼着，告诉大家我来了……哈，一位柔情似水的姑娘！

我又在桃树姐姐那里寻到了你！你捧起一汪春水给桃树洗了个澡，那朵朵娇艳的桃花刹那间被滋润，绽开了鲜红的薄如羽翼的花瓣，微笑着用无数双明亮的大眼睛望着你。你笑了，轻轻摘下一朵，抛洒在了空中，静静地望着她像一叶小舟似的，在一汪春水中行驶……哈，一位调皮的姑娘！

环顾四周，一片鸟语花香，到处都有你的气息，我早已寻觅到了这么多的你。

教师点评：文章语言优美，描写细腻，富于情致。作者几经寻觅，最终在柳树下、溪水间、桃花丛寻到了你。

——肖曼

细心的姐姐

雄县第一小学五（4）班　刘雨泽

我有一个很细心的姐姐。她个子不高，胖嘟嘟的脸上嵌着一双炯炯有神的眼睛，乌黑的马尾辫在她脑后荡来荡去，好像在跳舞。姐姐整天笑嘻嘻的，似乎没有事情能让她心烦。就是这个看上去总是大大咧咧的姐姐，照顾起人来却很细心呢！不信，你瞧！

一天晚上，我和姥姥锻炼完身体，刚要上楼，忽然听到背后有人在喊我的名字。我回头一看，原来是姐姐来姥姥家住了，我高兴得不得了。回到家后，姥姥让我们先洗澡，然后再做别的事情。我说："姐姐，你先洗澡吧！""好的！"她爽快地答应了。过了一会儿，只听咔嚓一声，卫生间的门打开了。姐姐洗完了，走出来，伸了一个懒腰说："你去洗澡吧！"我刚走进卫生间，就被眼前的景象惊呆了，嘴巴张成了O形，站在原地一动也不动。因为姐姐不仅帮我把刷牙工具都摆好了，还把地面上的水和脏东西用拖把拖得干干净净，连一根头发丝都看不到。多么细心的姐姐！我不禁暗自佩服。由于我这一天太累了，所以洗完澡后就早早地进入了梦乡。

第二天早上，我刚睁开眼就吓了一大跳！姐姐失踪啦！今天可是周末，她不可能周末也去上学，更不可能早上就回家了。还没等我弄明白，就听见了姐姐的声音："起床吧！太阳都晒屁股啦！快点过来帮我叠被子呀！"我一边不情愿地起来，一边小声嘟囔着："叠被就叠被呗，这么大声音干吗？"我起了床，叠好被子，才发现姐姐叠的被子比豆腐块还整齐，再看看我的，简直就是一堆泡泡堆在了床上。我真是自愧不如！

这就是我的姐姐，细心的姐姐。我一定要多向姐姐学习，做一个办事认真、细心的好孩子。

教师点评：这是一个有良好生活习惯的好姐姐。小作者把事情记叙得很具体，抓住两件事表现人物细心、会照顾人的特点，文章结构也十分清楚，做到了首尾呼应，尤其是外貌描写生动、形象。

——孙先进

美丽中国，我是行动者

雄县第一小学五（5）班　邢瀚跃

我的家乡在雄县。2017 年 4 月 1 日以前，很少有人关注这里，但在那天之后，这个地方吸引了很多人的目光。因为这里成了雄安新区的一部分。近水楼台先得月，今年的端午节，我来到了雄安新区市民服务中心。

这里，拒绝燃油车进入，我们便转乘电动摆渡车。由于电车不排放尾气，这里的空气更加清新。新修的柏油路，富有立体感的斑马线，高低错落的植物，一切都显得那么整洁有序。干净的街道上没有一个井盖，道路两旁有很多纸张、电池、玻璃、金属、塑料等垃圾回收箱，生态环保理念在这里展现。总而言之，干净、整洁、舒适，是来到这里的第一感觉。

在道路两边的树下有木屑铺盖，隐隐约约还可看到各种管子像树一样扎根在泥土里。请教工作人员后才知道，这是为了满足雨污分流的蓄水要求才这样做的。每一个园区都有蓄水区，雨水降到地表后，通过透水混凝土材料，进行收集和调蓄，实现雨水、污水的零排放，形成自循环系统。这样既防涝又抗旱，不浪费一滴水，这就是人们说的“海绵城市”。

以灰色为主色调的建筑，深褐色的楼梯，翠绿的竹林，一簇簇艳丽的海棠，品种不一、造型各异的花丛、草丛……在这样的环境下，我只想放慢脚步，享受生活。

不排放尾气、低碳出行、多种植树木、不浪费一滴水，让我们从小事做起，让我们的地球更加美丽！

教师点评：小作者观察入微，描写细致，从其描述中我仿佛看到了雄安美丽的未来。蓝绿交织、水城共融，让我们一起携手为这座智慧的生态新城献出自己的一份力吧！

——郭海欣

快乐旅行

雄县第一小学五（6）班　姚天希

我从小就对大自然充满好奇心，所以，跟着爸爸妈妈去旅行就成了我最快乐的事情。请大家快来听听我关于旅行的故事吧！

哇！我的记忆之门打开了。我们先来到了一个美如仙境的地方——张掖七彩丹霞。这里的丘陵色彩斑斓，如同一条在时光之手上遗落的五彩锦缎。我问妈妈："这些连绵不断的丘陵为什么是彩色的呢？"妈妈并没有回答我，而是指着不远处的一块木牌对我说："你自己去找答案吧！"我快速跑到木牌前，轻声读着：赤壁丹崖受流水作用或有机质沉淀，被染成片片黛青色、暗褐色、丹红色……哦，原来是这样呀！这里的丘陵不但色彩鲜艳，而且形态万千。看！这边的丘陵像大自然孕育出的素面朝天的美人，舒缓柔美的线条、圆润妙曼的身材、七彩的衣裙，不知是仙女下凡还是龙女出海。再看那边的丘陵像神龙戏火，正如：千里波涛神龙游，万里丹霞彩虹飞。若数人间神奇地，不来此景枉一生。穿行其间，真是美不胜收，不由让人由衷地赞叹大自然的鬼斧神工。

告别了流金似火的七彩丹霞，我们在碧桂飘香的季节走进了辽阔壮美的乌兰布统。初入草原，黄色、绿色、红色、白色映入眼帘，就像一幅用彩色渲染的水墨画。走进草原深处，我和小伙伴们迫不及待地冲进了一片白桦林。这里树木茂密，黄黄的叶子，白白的树皮，配上蓝天白云，仿佛走进了童话中的小镇。我们在林中穿梭，细听树叶沙沙的响声。我们在树林里寻找宝藏，做游戏，心情舒畅极了。我情不自禁地捧起落叶撒向空中，它们犹如蝴蝶漫天飞舞。这一刻，我陶醉在这美景中，我的心中充满爱的波澜，我想没有谁会不享受这旅行的过程吧！

当然，我还跟着爸爸妈妈去过美丽如画的宏村、水平如镜的西湖、波涛汹涌的黄河……每一处都让我感叹：祖国处处皆美景。我把这种美好写进了日记中，画在画册里。旅行让我开阔了视野，增长了知识，让我深深体会到读万卷书、行万里路是多么重要呀！

让我们都爱上旅行吧！

教师点评：小作者文笔优美，七彩丹霞五彩斑斓、形态万千，显示了大自然的鬼斧神工；乌兰布统草原犹如一幅迷人的水墨画，令人沉醉。旅行让我们开阔了视野，增长了知识，让我们都爱上旅行吧！

——王倩

心灵良药——乐观

雄县第一小学五（6）班　张逸涵

有的人遇到了不幸的事，总是不停地抱怨和自卑，其实这时最需要的是治愈这种病症的良药——乐观。乐观，是热爱生活的表现；乐观，是快乐的源泉。下面的两个故事告诉了我们乐观的重要性：

美国前任总统富兰克林·罗斯福的家，被一个胆大包天的盗贼偷走了许多值钱的东西，有金表、金项链、古董花瓶等。罗斯福的一个好朋友知道后替罗斯福感到伤心，便写了一封信，来安慰罗斯福：“亲爱的朋友，听说你家被盗了，我真为你伤心，上帝可真不公平，他怎么能让伟大的总统遭此不幸！真是的！不管你丢了什么东西，我都希望你以身体和精神为重，别太伤心了。祝你早日开心。”罗斯福看完这封信很感动，立刻给朋友回信：“亲爱的朋友，你好！谢谢你来信安慰我，我很平安，不必担心了，上帝做的没有什么不公平的，因为这三个理由，我由衷感谢上帝：一、贼只偷走了我的财物，而没威胁到我的生命；二、他只偷走了我部分东西，而不是全部；三、最值得庆幸的一点，做贼的是他，而不是我。”罗斯福并没有因此闷闷不乐，也没有因此影响工作和生活。罗斯福如此乐观地看待这件如此糟糕的事，我真是服了。

一对性格截然不同的双胞胎，哥哥十分悲观，而弟弟却十分乐观。圣诞节前夕，哥俩各收到一个礼物，哥哥的是一辆漂亮的自行车，弟弟的是一盒马粪。哥哥拆开他的巨大礼盒，看到一辆自行车，便哭了起来，说：“我不会骑车，而你们还给我这个！并且这车子早晚会烂掉。”弟弟打开礼盒后一看是满满一盒马粪，高兴地说：“马在哪儿？我想和马儿一起去草原玩儿。”可爱的弟弟用乐观战胜了“一盒马粪”，哥哥的悲观毁了“一辆自行车”。

这两个故事告诉我们，无论遇到怎样的事情，都要保持一种乐观的心态，这样才会峰回路转、柳暗花明。如果我们遇到困难就退缩或停止不前，那么我们会一事无成。因此，我们必须乐观面对世界。乐观是人们最需要的东西，人一旦有了这个东西，他就会得到快乐、得到幸运、得到幸福……所以让我们心中充满灿烂的阳光，做一个乐观向上的好孩子。

教师点评：小作者是个很有思想的孩子，善于从故事中发现面对人生的正确态度。文章论点明确、论据充足，首尾照应、结构完整，语言精练、说理透彻，使读者感到心悦诚服的同时，受到要乐观面对一切的启发。

——王倩

20 年后的家乡

雄县第一小学五（7）班　于子桐

光阴似箭，日月如梭。转眼间，20 年过去了。家乡是每个人思念的地方，是人生中挥之不去的记忆。下面让我来带领您一起回到家乡看一看吧！

我骑着太阳能车向家乡的方向驶去，还没进村，就闻到了一股浓郁的花香。我停下车驻足观赏，家乡的变化可真是“上春的天气——变化大”。只见花坛里栽满了花儿，有野蔷薇、牵牛花、茶花……道路管理机器人用手中的工具，熟练地把路边的灌木丛修剪成交通标志，不但方便了游人，还让家乡变得更加美丽、更加宜居。

我继续驱车前进。走进村子，看见原来那些矮小的平房，如今都被雄伟壮观的智能大厦所代替了。这些房子可以按照季节的变化改变颜色和温度，一年四季可变换成绿、蓝、黄、红四种颜色，墙体还可以自动调节温度，冬暖夏凉。

我停下车，走在宽阔整洁的大街上，一辆辆汽车追风蹑景，悬浮在马路上空。这时，一个外表似大熊猫的机器人径直向我走来，很有礼貌地说：“您好，我是大熊猫机器人，您有什么需要帮助的吗?”我快步迎上去，问道：“你好，为什么汽车速度那么快？还悬在上面呢?”只见大熊猫饶有兴致地说：“这些汽车运用了核能源，并且是由悬浮列车改装而成，速度可达 300 公里每小时。”“啊，太神奇啦!”我不禁惊叹不已。我又对着机器人问这问那，最后我提出一个请求：“请问你能帮我找一下我们班的同学吗?”他说：“当然可以。”我将同学的名字告诉了他。机器人只眨了眨眼睛，就有了答案。“您的同学在离您 120 米处。”“谢谢。”我满意地答道。顺着机器人的指示方向，我看到了他，赶紧走几步赶了过去。他不仅是我的同学，还是我的同桌呢，此时他正开着 3D 打印车，要去公司上班呢！

家乡是我们人生中不可缺少的一部分。这些虽然是想象，但我相信，通过我们的努力，不久的将来一定可以实现。

教师点评：小作者展开合理的想象，是本文的成功之处。文章融情于景，内容新颖，结构合理，流畅连贯，自然通达。

——高建敏

春天来了

雄县第一小学五（7）班　赵益莹

嘿，在吗？冬天已经离我们远去了，都快醒醒！

小花，快让单调的白色褪去，迎来这五彩缤纷的世界；小草，快来给大地增加一抹嫩绿，使春天更美丽；大树啊大树，你们继续将这天地装饰得焕然一新；南去的鸟儿呀！都飞回来吧，春天在呼唤你们，任你们尽情地鸣叫；冬眠的动物们，我代表春天把你们叫醒，都快点醒来吧！你们喜欢怎样玩儿就怎样玩儿吧！任你们尽情地玩闹！

春姑娘准时来到了这里，长袖轻轻一挥，湖水渐渐解冻，变成了清澈见底的湖水。这好似春天把冬天打败了，冬天好不服气的样子。

春天我欢迎您，我来到了我的家乡白洋淀感受您的气息。冰已经融化，水里的鱼、虾欢快地游来游去，相互嬉戏。白洋淀的春天，是淡绿色、青灰色、蓝色的。一片片淡绿色的芦苇，一团团一簇簇的苇絮，蓝蓝的天空，构成一幅美丽的图画。

我凝视着天空，觉得它有着不同以往的宁静，这是一个充满梦想、生机的季节。这时，一只漂亮的大红风筝，在我的头上轻轻飘过，虽然只有那一瞬间，但是在我的心中已经形成一只美丽的蝴蝶。那对红红的翅膀、长长的尾翼，真是太美了！这是春的力量，春风的动力。春天回来了，小动物们也都活跃起来了。大地因为这些小动物们的再次出现，恢复了往日的生机，不再那么枯燥乏味了。

春天是美好的、幸福的，更是彩色的开始！

教师点评：小作者是一个热爱大自然、热爱生活的孩子，字里行间透着对春天的喜爱！文章用词恰当，想象力丰富，写出了春天的魅力。

——高建敏

雪中的欢笑声

雄县第一小学五（8）班　张美娇

“下雪啦！下雪啦！”正在教室里上课的我忽然听见有人小声说下雪了，便情不自禁地转过头向窗户望去。果然，天空下起了鹅毛大雪，洁白的雪花像柳絮似的轻轻落在地上。

终于下课了，我和同学们迫不及待地跑向楼下。到了楼下，整个世界早已银装素裹：大地铺上了白色的地毯，软软的，漂亮极了；松树穿上了圣洁的婚纱；屋顶戴上了漂亮的帽子……

这时，我看见操场上的人们都用手接起了雪花。我也张开手，想看看雪花是什么形状的。可是当这些雪花落在我手中的时候，我还没看清她们的容貌，她们就立马化成了晶莹透亮的小水滴了。她们可真像一个个顽皮又害羞的小姑娘，不想让我们看清她们美丽的容貌。

"别跑！别跑！"一阵吵闹声把我的遐想打断了。我抬头一看，哦！原来是一群小孩子在玩儿打雪仗呢！他们拿着洁白的雪球你追我赶，欢笑声充满了整个校园。

我喜欢雪，喜欢她的洁白，喜欢她的美丽，更喜欢她给我们带来的无穷无尽的欢乐！

教师点评：文章文笔细腻，语言简练而准确，写出了作者雪后玩儿雪的快乐和对雪景的喜爱之情。本文短小精悍，值得一读。

——张桂苓

地球母亲在微笑

雄县第一小学五（8）班　朱梓畅

我在很小的时候，就读过一篇文章，里面讲道："地球母亲在哭泣，她身上的绿，正一点一点地变黄。"当时我还不能理解这句话的含义，但现在，我想说：地球母亲在微笑，因为她身上的黄，正在一点一点地在变绿，绿得那么光艳，那么耀眼。

记得姥姥家不远处有一条河，前几年那里被垃圾覆盖，臭气熏天，望下去，浑浊一片。而现在，这里清澈见底，鱼虾成群，许多人都来这里钓鱼；还有些会游泳的大人，成群结队地来这里玩耍。现在的小河，成了姥姥村里最亮丽的一道风景。我看见地球母亲在微笑！

之前的空气很差，天空整天都是灰蒙蒙的，商店里的口罩经常被抢购一空，医院每天也都挤满了人。而现在，深吸一口气，顿时感到神清气爽，天空不是蓝天白云便是晴空万里，一排排绿树成荫，风一吹，树木便沙沙地奏起乐曲，好听极了。经过大家的保护，现在我们生活的环境，就是一个纯天然的大氧吧。我看见地球母亲在微笑！

现在环境变好，是和大家的努力分不开的。随处可见的垃圾不见了，是因为有一批批环卫天使每天不分昼夜地工作；我们把垃圾分类，不随处乱扔。我作为地球的一分子，开始和爸爸比赛：爸爸每天努力戒烟，我每天坐公交车上下学。这样不仅爸爸的身体健康了，也减少了有害物质的排放。金山银山都不如咱们的绿水青山。我要从自己做起，从小养成热爱自然、保护环境、讲究卫生的良好习惯，并处处去影响同学，带动他们共同爱护环境、保护环境。

天更蓝了，水更清了，人更美了，地球母亲笑得更加灿烂了！

教师点评：文章线索明朗，主题突出，紧紧围绕“国家提倡环保后，产生了明显的效果”这一主题展开行文，表达了作者保护环境、爱护环境的强烈情感。

——张桂苓

粉碎肿瘤君

雄县第一小学五（8）班 仇顾盼

长大后我要成为医生，一名能治好癌症的医生。

今年年初，最爱我的姥爷永远地离开了我……在肺癌确诊后，他顽强地和病魔斗争了八个月，经历了四次化疗、十五次放疗，在无尽的痛苦中走完了他的一生。

我永远忘不了姥爷在最后的日子里憔悴的面容；忘不了妈妈在跑遍了北

京各大医院后绝望无助的眼神；忘不了姥爷去世时一家人号啕痛哭的凄凉。在深深的悲伤中，我萌生了长大后要研究癌症、攻克癌症的想法。虽然救不了姥爷，但我要挽救那些像姥爷一样善良但不幸的普通人。

我知道要想实现这个梦想就要考取最好的医学院，所以我要发奋学习，认真听好每一堂课，完成每一次作业，争取优异的成绩。

课下我还阅读了大量的医学书籍，有关于细胞增殖的，有关于病毒传染的……周末我最爱去爸爸在医院的办公室，因为那里有一具和真人一样大小的人体模型，在上面能找到人的每一块骨骼、每一条血管……

爸爸说目前在治疗癌症方面美国和日本处于领先水平，所以我现在一定要学好英语，如果有机会还要学习日语，这样以后我就能读懂他们最尖端的科研文献，学习他们最先进的治疗理念。

妈妈说这次期末如果我还能考取前五名，就带我去中国医学博物馆参观。我一定要见到医学之父——希波克拉底！

我要向着我的目标全力奋进。粉碎吧，肿瘤君！

长大了我要发明一种特效药，让癌症就像感冒一样好治，病人再也不用痛苦地手术、放疗和化疗；再也没有脱发、恶心和骨髓抑制；再不必担心转移、复发或耐药……只需要一粒特效药，一粒便宜到每个人都吃得起的药，所有的癌症都会被消灭得粉碎！人们又能像生病前一样健康快乐地生活。

但愿那时科技进步，也有了穿越时空的时光机。那我第一要做的就是带着我的特效药回到过去，救我的姥爷！清晨，姥爷醒来，喝下草莓味的特效药，然后像往常一样拿着鱼竿去钓鱼……什么穿刺、化疗，这一切都不曾发生过，我的姥爷还像原来一样疼我爱我，在我考好的时候给我买烧鸡吃……

我还要把药送给李咏，送给罗京，送给乔布斯……送给每一名罹患癌症的人。

唯愿粉碎肿瘤！天下无癌！

教师点评：小作者这篇文章写了自己的理想，写得有血有肉、情感真挚。不经意间，梦想就会生根发芽。文学和梦想一起飞。

——张晓东

夏哥哥

雄县第三小学五年级　卢美灵

夏哥哥可调皮了，吃完西瓜，把西瓜当成小船划过来了。你看！要不怎么西瓜地里的西瓜瓤那么红，那么好吃呢！

早晨，缕缕炊烟飘在空中，给蔚蓝的天空盖上了一层薄薄的纱。这时，跑来那会变魔术的魔术家——云朵。“哈哈，我又来了。”云朵弟弟说着就变成了正在猫妈妈怀抱里吃奶的小奶猫；一会儿又变出一匹踢着马圈里挡板的骏马；一会儿又变成了一群排队等候下水洗澡的鸭子。咦？它去哪儿了呢？原来变成一只小鸟飞走了。

中午，太阳公公把火辣辣的大手伸向了人间。你瞧，大树都耷拉着脑袋，小花垂头丧气地弯着腰，一句话也不想说，马路黑乎乎地直冒油，有人走过非得烫伤了不可。大街上空无一人，大家肯定在家享受着空调的凉气，还一直吃着雪糕、喝着冷饮呢！就连院子里的小花狗也在阴凉底下伸出长舌头不停地喘着粗气，树上的知了也不停地高叫，仿佛在说：“老天爷呀！给点风难道不好吗？”

傍晚，天边的红霞是那么的耀眼，吸引人的注意力。大家都在院子里坐着摇椅，扇着扇子，看着红霞。这究竟是怎么回事呢？大黄狗变橙了，花母鸡变紫了，老爷爷的白胡子也变红了……世界变彩了，可比中午凉快多了。

一转眼，就到了晚上，偌大的黑棋盘上落了几颗棋子，星星宝宝不停地眨眼睛。也不知星星宝宝陪月亮姐姐度过了多少漫长的夜，才不会让月亮姐姐感到孤独。

夏天哥哥，你虽然有时脾气不好，但让我们度过了一个又一个有趣的日子！

教师点评：小作者的语感很好，不仅条理清楚，还有丰富的想象力。文中拟人、比喻修辞手法的运用给文章增色不少。

——张晓东

龟兔赛跑

中关村三小雄安校区五（5）班　朱天奥

周三上午，操场，全体五、六年级同学。

这是在干什么呢？这里正在举行一周一次的龟兔赛跑。

从第二节课下课，就有队伍入场，入场的同学个个摩拳擦掌，准备和别的同学一决高下。全体同学入场，我们在柱子老师的口号声中做了几个蹲起，就算是热身啦。

"预备——跑！"老师一声令下，对面第一排女生同时开跑，她们手中紧握着接力棒，如同潮水般向我们涌过来。我们队杨宗澳已经做好了接棒的准备。哈！杨宗澳顺利接过棒，如脱缰的野马一样向对面女生的队伍冲过去。女生第二棒起跑，男生第二棒起跑，女生第三棒，男生第三棒……每一次起跑，都是要跟人拼命的架势。

轮到我了，我看了一眼我的对手，一阵苦笑，因为我的对手可是运动会上跑过800米同时也是学校田径队的运动员——张梓昊！我心里暗暗想：超不过也要努力去拼！想到这里，我接过接力棒，开始玩命地跑。应该是我们队原来就领先半棒的原因，他竟然没有反超我！

我们队比对方快了一棒多的时候，马老师替她们那一队跑了一棒。马老师一步大概顶我们两步，把比分拉回来了一点儿，不过还是没能力挽狂澜。

当我正准备跑第三次的时候，龟兔赛跑结束了，同学们的欢呼声盖过了音响发出的音乐声。真期待下周五的龟兔赛跑啊！

教师点评：小作者观察特别仔细，按照比赛顺序记叙得很有条理。读这篇小文，让人不由自主地就感觉到一股紧张的比赛气氛。

——马亚丽

龟兔赛跑

中关村三小雄安校区五（5）班　韩旭虹

“丁零零——”，下课铃响了。我们打着班旗，排着队来到了操场。

“今天是什么项目？”我听到有人问。“龟兔赛跑呀！”一听到这个回答我心里有点儿小开心，因为我还是挺喜欢这个项目的。我望着那几棵光溜溜的柳树，不知不觉走了神。忽然，只听见麦克风发出一声怪响，原来是柱子老师要带我们做热身游戏了。热身游戏后，同学们的筋骨都活动开了。忽然，音乐响起，龟兔赛跑正式拉开了帷幕。

各班第一个开跑的同学们，个个手持接力棒，两条腿像装了马达，飞快地奔跑。

很快，第一棒顺利地完成了任务，紧接着，第二棒，第三棒……终于轮到我出场了，我接过接力棒，使出浑身力气跑到了对面。显然，我们队比另一个队快了一个人。就在我心里暗暗窃喜的时候，更好玩儿的事情发生了。

只见马老师拿着接力棒跑了过来。我简直不敢相信自己的眼睛，马老师穿着高跟鞋，居然跑得比我们都快，顿时从操场那边跑到了这边。

你以为这就完了吗？不，后面还出现了更多好玩儿的事儿：徐宁跑步总是脚后跟先着地；许可半蹲着身子，好像在坐着跑；陈威彤为了跑快点儿摘了眼镜；卢昱昕胳膊甩得特别高……

这次龟兔赛跑真是带给了我们数不尽的欢乐！

教师点评： 小作者写了龟兔赛跑中好多好玩好笑的事儿，没有比赛的白热化，让人感觉比赛也可以轻松愉快。

——马亚丽

有趣的被窝夜读

中关村三小雄安校区五（5）班　韩旭虹

月亮在漆黑的夜空中静静地微笑，她的身边闪烁着几颗不太耀眼的星星。

家中，我正拿着一本《狼王梦》津津有味地读着，突然，妈妈走了进来，对我说："快别读了，晚上读书对眼睛不好！"虽然我特别想继续读下去，然而却不得不服从老妈的命令，只好把书放回书架。

刚一走到客厅，我的心里就打起了小算盘：我决不能就此善罢甘休，我一定要想一个妙计！

我装作若无其事的样子走进卧室，关上了门。直到客厅里的灯关上后，我才蹑手蹑脚地走进书房，拿起那本书一溜烟儿地跑进了卧室。我不敢打开卧室的灯，怕惊醒了睡梦中的姐姐。

不开灯怎么读书？这个问题似乎难住了我。就在这时，我看到了床头柜上的台灯。哎，有了！我一下子抄起台灯，把它盖在被子里。明亮的灯光照着被子上的花纹，仿佛这里是我的“秘密花园”。我在这个花园里吸收着智慧的阳光、雨露。渐渐地，渐渐地，我进入了甜甜的梦乡。

太阳刚刚露出笑脸，姐姐就叫醒了我。台灯还是那样照着，那本书还是被我紧紧地抱着，似乎和昨晚一模一样。

教师点评： 题目新颖，很吸引人。小作者善用环境衬托，营造氛围，把自己的心理刻画得细致入微，让我们看到了一个酷爱读书的小姑娘。

——马亚丽

一次音乐会

中关村三小雄安校区五（5）班　李龙飞

“明天下午要开音乐会了！”听到这个喜讯，我兴奋不已。在等待的这一天里，我真是坐立不安，无限憧憬。终于到了下午，我早早地来到操场上坐了下来。

坐好不久，音乐就响了起来，旋律是那么优美动人，我听得如痴如醉。闭上眼睛，仔细欣赏，好像到了公园，听到的是清晨带着露珠的樟树叶子的沙沙声，也像是飞舞的蝴蝶在空中翩翩起舞，又像是叮咚的泉水在山间流淌……这真是人类的第二种语言！

只有好听的音乐也不行呀，音乐会怎么能少得了歌声呢！这时一位女子走上台来，高唱一曲《我爱你，中国》。果然是专业人员，唱得那么高亢嘹亮，把对祖国的爱淋漓尽致地表达了出来，完全释放了音乐的魅力。

之后，主持人又给我们介绍了很多乐器，并演示给我们。这些乐器和在一起，高低起伏，每个乐器在一首曲子中都有属于自己的位置，起着不同的作用。最后，音乐会以一首慷慨激昂、威武雄壮的《红旗颂》完美收场。

啊！听完音乐，果然不一样，我感觉浑身轻松，每一个细胞仿佛都在跳跃！我真喜欢这次的音乐会！

教师点评：小作者心思细腻、语言灵动，充分发挥想象，让人有身临其境之感。

——马亚丽

马桶上的读书者

中关村三小雄安校区五（5）班　潘　洁

2018年9月16日早上，早早起床的我快速地跑到卫生间洗漱。然后，我跑到房间去急切地寻找那本书……咦？它在这里，可能昨天放错地方了吧。

那本书的好朋友是谁呢？当然是笔小姐了。俗话说不动笔墨不读书。读着读着发现有一个字不认识——“麋鹿”的“麋”。中国汉字太难了，经过认真地查字典，我终于查到了这个字的读音以及字义。不会的字解决了，终于可以安心读书了。

可是还不到半个小时，小外甥就来了。要知道，小外甥可是非常淘气的，他一进门第一句话就使出了洪荒之力，喊了一句：“小姨！”我心想：完了！又读不了书了。此时我的大脑开始飞速运转，想出了一个好办法！趁他不注意的时候，我把书藏在衣服里，然后偷偷跑到卫生间去了。我坐在马桶上，一页、两页……就像饥饿的人扑在了香喷喷的面包上，多么美味啊！渐渐的，光线暗了下来我才发觉自己已经在这里读了几个小时了。后来，妈妈上卫生间发现了我，说：“哎哟，我还在找你呢。”这样我才不情愿地被妈妈拉了出去。

我的脚和腿有些发麻了，但我还是觉得很轻松，因为我把所有的营养品都细嚼慢咽掉了。

教师点评：小作者选材特别有趣，为了能专心读书而在马桶上坐了很长时间，真是一个热爱读书的孩子！

——马亚丽

我眼中的春天

中关村三小雄安校区五（10）班　郭思宇

“春天在哪里呀？春天在哪里？春天就在那小朋友眼睛里。”春天来啦。春天在我眼里可美啦！

我眼中的春天是五颜六色的。春天是蓝色的——抬起头望去，那湛蓝色的天空一望无际，白云好像是蓝色大海上的一只只海鸥，又像蓝色湖水里的一朵朵白色的莲花。春天是绿色的——小草好奇地探出头，把大地铺上了一层嫩绿嫩绿的毛毯；柳树冒出了嫩芽，春风姐姐看见了，急忙跑来给柳树妹妹梳头发，不大一会儿，她的头发上就戴上了翠绿色的发卡。春天是黄色的——道路上的同学们，手里拿着菊花，头上戴着小黄帽，他们是要去给烈士们扫墓。那鲜艳的红领巾，不正是那些烈士们的鲜血染成的吗？

春天也是有气味的。清晨，春雨后的空气分外清新，让我想贪婪地多呼吸几口。春雨后还有泥土的味道，让人仿佛置身于森林中，再加上枝头上的鸟儿的歌声，让人感到十分轻松。春天必不可少的是花香，神清气爽，在这样的空气中待久了，都不舍得离开。花香也是各种各样的，有玫瑰香、桂花香、牡丹香……各具特点。

春天的声音也美妙极了。小鸟中的那些演唱家一齐开嗓，不管是早上，还是夜晚，总是让人深陷其中。小鸟中的演唱家也分工明确，有女高音，有男中音，还有男低音，就像一个默契十足的乐队一样。乐队的伴奏就是小河啦！小河在春天的帮助下又充满了生机，有时候像音色优美的钢琴，有时候像气势澎湃的大鼓，还有时候像古色古香的古筝……

在我的眼中，春天还是一个魔术师，这不，没过多久，整个世界就变得生机盎然了。

教师点评：文章从颜色、气味、声音等不同侧面描写了美丽的春天。小作者很善于观察生活，能敏锐地捕捉到一个个美丽的时刻，发挥奇妙的想象，运用精妙的比喻、拟人化的语言使春天显得生动活泼。

——马爱敏

到底谁最美？

中关村三小雄安校区五（10）班　李美怡

春、夏、秋、冬以前是很好的朋友，都到了无话不说的地步。可是，就在那一天……

那一天，正好是除夕夜，我们在过年，他们也在过年。他们在一起快乐地聊天，可是，聊着聊着，就吵起来了。春不满地说：“我是最美的！到了我这个季节，万物复苏：小河的冰融化了，欢快地流淌着；小草悄悄地探出了头，好奇地看着这个世界；柳树爷爷长出了嫩绿的枝芽，一切都是那样的生机勃勃，俗话说：一日之计在于晨，一年之计在于春。说的不就是我吗？所以，我是最美的！”

“不对，不对！我才是最美的！一旦到了我这个季节，所有的植物更加茂盛了，比你那刚出生的小娃娃好看多了！如果用一句话来形容你所说的，那就是‘狗眼看人低’！昨天柳树爷爷、小草弟弟还夸我呢！比你美多了，我夏天才是最美的。你们说，对不对？”

秋生气地说：“你呀，实在是太热了，大地裂开了缝，知了不停地叫，小河都干了，小鱼也不再像以前那样活泼、肥大了！而我不冷不热刚刚好，而且，我还是收获的季节，红彤彤的苹果、黄橙橙的鸭梨、紫莹莹的葡萄……一听这些，足以让人们垂涎欲滴了。我才是最美的！”

冬不高兴了：“不对不对，你们都不是最美的，我才是！我一到，一切都是雪白雪白的，我给大地盖上了温暖的被子，给房屋戴上了白帽子。早上，孩子们穿得像个雪人似的走出了家门，有的堆雪人，有的滑雪，还有的打雪仗，乐不知疲。全都是因为我，孩子们才会这样开心，所以我才是最美的！”

冬刚说完，其他三个季节又叽叽喳喳起来。此时，保持沉默的时光老人说话了：“你们别说了，你们都是最美的，如果没有你们其中任何一个，人类就不会拥有快乐的一年。”四季听完后，你看看我我看看你，都笑了。

这个故事告诉我们：不要只看到自己的长处、别人的短处，要学习别人的长处来弥补自己的短处！

教师点评：全文条理清晰地描写了四个季节的争论，很有趣味，令人回味；充满童趣的比喻和拟人，使文章顿生光彩；精彩的结尾可谓是点睛之笔。

——马爱敏

除夕之夜

中关村三小雄安校区五（10）班　沈　彤

大年三十除夕夜，是辞旧迎新的日子，神州大地，到处充满了热闹的气氛，家家张灯结彩，喜气洋洋。

我等呀等，终于到了晚上八点。要吃饭了，全家人换上新衣服，聚在一起。爸爸和爷爷亲自下厨做了十六道菜——八道冷菜，八道热菜。“十六是两个八组成，咱们就取它的谐音发发。”爸爸边说边笑着给我讲解。菜一上来，我就不知道吃什么了，因为这些菜都是我最爱吃的，青椒土豆、白菜炒肉、蘑菇炖肉……接着，妈妈端上一盘热气腾腾的大饺子，那香喷喷的味儿，争先恐后地直钻我们的鼻孔，馋得我们口水都要流出来了。我刚想伸出筷子去夹，只听妈妈发问：“看这饺子像什么?”“像元宝!”“对，棒极了！可是今天晚上的元宝里还藏着钱呢！大家尽管吃!”我迫不及待地伸出筷子，加了一个胖乎乎的往嘴里送，用牙一咬，“哎哟，什么东西啊，硬邦邦的?”我急忙拿出来一看，是一块钱啊！妈妈说吃到硬币的人，新的一年里会心想事成。于是我双手合十，默默许下心愿：减肥！嘘，不要告诉别人哦!

晚上九点，我们大家又一起坐在电视机前，津津乐道地看起了春晚直播。那歌声悦耳动听，那小品让人捧腹大笑，那……随着春晚的高潮，我们的心情也澎湃万千。新年钟声敲响的时刻，我和家人欢呼起来，互相祝福新年快乐。

除夕夜，不光是我们家，举国上下，家家户户，男女老少都沉浸在幸福快乐之中。国泰民安，幸福中国年啊!

教师点评：文章具体细节描写生动，有真情实感，比喻、拟人修辞手法的运用给习作锦上添花，结尾处由小见大，呼应开头，点明深刻主题，使文章结构完整。

——马爱敏

少年梦

雄县第三小学五（9）班 谢美依

每个人心里都蕴藏着一种能量，它看不见，摸不着，却至关重要，它就是梦想。

何为梦想？梦想是春天甘甜的雨露，是夏天清凉的一阵风，是秋天飘落的一片红叶，是冬天飞舞的一片雪花。

说到我的梦想，想想也觉得好笑，小时候，梦想一直飘忽不定，刚决定做画家，又想当作家，刚想当作家，又觉得做医生不错，最后思来想去决定做音乐家。不过因为父亲的原因，也不得不先放下这个梦想，因为父亲经常告诉我：梦想不用太大，长大后应该脚踏实地地做一些对社会有益的实际工作。于是，我现在的梦想是做一名普通的人民教师。

不过这并不代表我放弃了音乐，我只是把音乐梦暂时藏在了心底，并且随时会为之努力。是啊，如果遇到困难就半途而废，还谈什么成功啊。莎士比亚曾经说过，梦想是你心灵中的一道光，滋润着人的心房，而梦想这片心田，不只需要阳光，也需要种子努力破土。等待不能使你冲破困境，要凭借自己的力量打破它！

林肯就是这样一个人。当初他在决定参加总统竞选时，就曾经冲破多重阻挠，终于成为候选人之一，令所有人惊诧不已。因为林肯是鞋匠的儿子，而当时参选的大多都是王公贵族，人人等着羞辱他，甚至有人当众对他无理，可他从容不迫，不被脏污的语言所摧毁，凭借自己的智慧和出色的演说，打动人心，最终登上了总统的宝座。

时间飞逝，一代又一代的少年追逐着他们的梦想，同学们，快加入这支队伍里，为明天实现自己的梦想奋斗吧。

教师点评：文章条理清晰、逻辑性强，似层层剥笋一样，和你诉说着心中的梦。文章语言优美，排比的应用为文章增色不少。

——陶咏梅

我的梦想

雄县第三小学五（9）班　艾嘉坤

每个人都有自己的理想和追求，我的理想就是成为一名考古学家。

有人问我：为什么想当考古学家？起因是我和爸爸妈妈一起观看的一部电影——《侏罗纪公园》。在电影里我看到各种恐龙，对它们很感兴趣，便询问爸爸。爸爸告诉我："恐龙是远古时才有的动物，它们生存在侏罗纪和白垩纪，灭绝于白垩纪。现在人们只能通过恐龙化石去了解它们。所以现在有很多考古学家正在探索恐龙化石。"我听到现在有考古学家在探索它们，所以也想当一名考古学家去探索它们的秘密。

我想当考古学家不仅想知道恐龙是怎样灭绝的，还想知道地球上现在还有没有恐龙的存在，还有为什么秦始皇的陵墓打不开呢……

可要成为一名考古学家，首先我必须要好好学习，考上好的大学，去多方面学习历史知识，了解各方面的考古知识。考古学家必须还要有耐心和信心，还要有勇气，所以我要增强自己的信心，磨炼自己的耐心，多参加一些具有挑战和困难的活动，来锻炼自己！

这就是我的一个简单理解，为了自己的理想，更要努力去学习，将来成为一名能为国家做出贡献的考古学家！

教师点评： 有了梦想就有了前进的方向。文章文笔流畅，逻辑性强，可见作者平时读了好多书。多读书，多练笔，就能写好文章。

——陶咏梅

秋

雄县朱各庄镇闫家铺小学五年级　李佳梦

秋姑娘坐着银杏树爷爷的小扇子，飞到了这里。秋姑娘戴着有果子味道的金色草帽，穿着白色的纱裙，披着金色的披肩，穿着绣花鞋，唱着愉快的歌谣来了。那金色的扇子，扇啊扇啊，扇走了夏天的炎热，扇来了秋天的凉爽。

我来到这条熟悉的小路，它们还是老样子。银杏树的叶子像小精灵，有的在树枝上睡觉，有的正在和秋姑娘聊着天、喝下午茶呢！还有的正在津津有味地读着书……

一阵风轻轻吹过，那一片片小叶子飘落了下来，有的像蝴蝶在翩翩起舞，有的像在跳芭蕾舞，还有的像在打拳击比赛……

这些叶子落了下来，给无私奉献的小路哥哥盖上了金色的毛毯，小路哥哥自言自语地说："真舒服啊！"

这里长着好多树，你们猜猜看是什么树？好吧，那就让我来告诉你们吧，它是枫树。枫树爷爷的叶子火红火红的，像正在熊熊燃烧的火焰，那么美丽，那么热情。

来到果园，刚跨过门槛，就闻到阵阵果香迎面扑来，就像给了我一个大大的“拥抱”。首先看到的是苹果，它们一个个挂在树枝上，像小孩子的脸颊红彤彤的，可漂亮了。难道你们要开联欢晚会吗？柿子树上挂满了小灯笼，是谁给你涂的胭脂呢？哦，原来是秋姑娘啊！原来你们也要去参加苹果家族的晚会呀！

旁边是葡萄架，那葡萄就像紫色的宝石，穿成了一条条美丽的项链，真美！在这些树下长着一片小草，她们绿色的晚礼服变成了金灿灿的睡衣，她们对秋姑娘说：“我要冬眠了，我要躺在妈妈的怀抱里睡觉了。”秋姑娘说：“祝你好梦，明年再见。”

忽然，天上出现一个“人”字，哦，原来是大雁排成的。那是谁教的呢？原来是秋姑娘教的呀！其实大雁是很聪明的，到了秋天就去南方旅行了！

教师点评：小作者笔下的秋是一幅画，是一首诗，更是一首歌。秋天在小作者的笔下是有生命和灵气的，所以小作者的笔下便有了拟人、比喻和想象。万物皆有灵，希望小作者能带着我们走进万事万物的心灵，去倾听它们内心的声音。

——张晓东

我真后悔

雄县第一小学六（1）班　康心怡

“我真后悔！我真不明白为什么要那么做。”这句话是我在那一天、那一个夜晚发生后的心里话。

那天是星期六，我和妈妈闹气，一气之下我做出了最愚蠢的决定——离家出走。我拿着我的行李箱，装上常穿的衣服，拿了一个毛绒玩具，拿着自己攒的钱走了。在外面无我容身之地，我想了半天决定在我们家小区后面的一片小草地里过夜。

小草地前面是我家的那一栋楼，我时刻都可以观察他们的动作。还好我带了一条毯子出来，不然那些让我惧怕的大自然小生物就很有可能爬到我的身上，从而使我成为“虫子侠”。我时刻观察着他们。由于我近视，所以带了一个望远镜，这样看人就不会模模糊糊了。我看了一下随身带的表，现在是夜里十二点四十五分，家里的灯还亮着。看到家人那一张张恨不得一下子把我找出来的面孔，我犹如一只迷失方向的小虫不知所措。

我现在回去吧……要是他们打我呢？不行，如果他们报警了呢……可我不回去他们会急死的。嗯，现在就回去。

我收拾好东西飞奔回家，可是在飞奔的过程中迷路了。小草地里有很多树，我一个路痴迷路了可不是开玩笑的。林子里一会儿“呜呜呜呜”地叫，一会儿又“叽叽叽叽”地叫，这可把我吓坏了，我不由得在那里过了一夜。

一睁眼已经是上午九点半了，通过太阳公公的指点，我顺利地回了家。

到了家后，我真后悔，我真不明白自己为什么这样做。

教师点评：这是康心怡同学的一篇考场作文，估计用时二十五分钟，整篇文章无改动。行文如此流畅，老师很是赞赏。“文章本天成，妙手偶得之。”孩子将青春期将要到来的内心涌动的叛逆无意识地表达出来，自然而然，似幻似真，有审美价值。

——王克荣

难忘的下雪天

雄县第一小学六（2）班　吕佳兴

下雪啦，下雪啦，今天又是一个下雪天。我非常喜欢下雪，因为雪是纯洁的象征。

下午，下了半天的雪终于停了。我立刻跑到院子里，只见屋顶上、地面上、树木上都积着厚厚的雪，好一个银装素裹的世界！我开心地在雪地里又蹦又跳，心想今天无论如何也要堆个大雪人。说干就干，我叫来了姐姐和我一起堆雪人。

首先我们将雪集中到一起。我们一会儿用扫帚扫，一会儿用铁锹铲，不一会儿便累得满头大汗。就在我专心铲雪的时候，忽然有什么东西打了我的头，我扭过去一看，发现姐姐手里拿着雪球，一脸坏笑地看着我。“哼！君子报仇，十年不晚。”我心里想着，继续挥动着手里的铁锹铲雪。慢慢地，一个高台出现了，它就是雪人的身子。最让我头痛的就是雪人的头了，它需要一个大雪球，而我和姐姐都不会滚雪球，于是我们就把小雪球往一块凑，然后使劲按在一起。可是事与愿违，我们不但没有做成大雪球，还把之前拼成的小雪球弄得七零八落。“唉！这可怎么办呀！”姐姐发愁地说。就在这时，爸爸回来了，我们赶紧把爸爸拉进院子里，请他帮我们滚大雪球。爸爸笑着说：“两个小笨蛋，滚雪球都不会，看我的！”说着便三下五除二地滚了一个大雪球。我和姐姐都看呆了。后来，我又给它安上眼睛、鼻子、嘴巴，戴上帽子，又找了两根树枝当它的胳膊，雪人就大功告成了。

我和姐姐围着雪人唱啊跳啊，表达着我们满心的欢喜。

教师点评：小作者很善于观察生活，能敏锐地捕捉一个个有意义的瞬间，是一个有潜力的学生。

——范彩先

云南旅游记

雄县第一小学六（3）班　许偌溪

同学们，你们知道我假期里最喜欢的一件事是什么吗？当然是出去旅游啦！这个寒假，我和爸爸妈妈一起去了云南！

经过四天的长途跋涉，我们终于驶进了云南境内。温度在不断上涨，过了一会儿竟然涨到了27℃，与河北相比真是两个不同的世界，一个冰天雪地，一个赤日炎炎。

我们的第一站是滇池。正如《老人与海鸥》一课中所说，海鸥们真的住在滇池，早上八点钟，它们飞到滇池岸边，傍晚六点钟飞回它们的巢穴。

这些红嘴鸥可真可爱，别看它们的样子呆头呆脑，却一点也不笨，掰一小块面包放在手中，高高举起，好多只海鸥便朝着你飞来。这是一个神奇的过程，当你喂它们时，你完全不知道它们是如何叼走面包的，只见它们一下子从头顶掠过，抬头一看，面包早就被吃光了！

第二站是有名的大理古城。一进城门，你仿佛穿越到了古代。古风格的建筑，穿着汉服的人……不需要文字，在这里待几天，你就能体会出历史的悠久与韵味！

云南不但有历史悠久的建筑，更有闻名遐迩的美食。

到了云南，美食是绝对不能错过的，像云南的过桥米线、烤乳扇、鲜花饼等美食，一定要品尝。如果离家近的话，我建议大家带回去一些水果给亲友们品尝，这里的蓝莓大得像葡萄，释迦果甜得腻人……

最后一站是玉龙雪山，由于上山的票卖完了，所以我们只到蓝月谷转了一圈。白水河的水清澈见底，而且是蓝色的，一片连着一片的蓝色雪水，构成了一道亮丽的风景线。

去了一次云南，我增长了知识，开阔了视野——这就是旅游的好处。云南，给我留下了深刻的印象，我还会再去一次的。

教师点评：文章以轻松愉快的语气，向我们娓娓道来云南之行的所见所闻。一些精妙词语的使用，无形中为文章增添了不少情趣。

——沈秋英

阅读伴我成长

雄县第一小学六年级（4）班　杨昕屿

妈妈说，我小的时候特别喜欢听姥姥讲故事，那个《三只小猪》的故事，听过几遍，就能用小手指着书上的字，一字不错地念出来了，当然那些字我一个也不认识。

我上小学二年级时的那件糗事到现在还被妈妈津津乐道。其实事情的经过是这样的：那一天中午，妈妈又是拿回一沓报纸放在客厅里就去做饭了。我闲着没事随手翻了翻那些报纸，发现它们不光是插图很少，而且字还很小，密密麻麻的，就走进厨房说："老妈，那报纸有什么意思呀？看得我缭花眼乱。"妈妈停下切菜的手问："你说什么？""我说那报纸字太小，看得我缭花眼乱。"妈妈突然大笑起来："宝贝你看书时可要用点心啊．那不是缭花眼乱，是眼花缭乱。"我虽然不服气，可还是相信了妈妈的话。

自从升入三年级，语文老师便规定星期一下午的第二节课为读书课。于是同学们都把自己喜欢的课外书带到学校里来尽情阅读。去年，老师又号召我们利用晚上的时间来读课外书，还提出了“每天读书半小时，快乐生活一辈子”的口号来鼓励我们。

现在我已经读过很多书了，不管是《爱的教育》《小王子》，还是《笑猫日记》《口袋里的爸爸》，我都可以与你侃侃而谈。以后我还会读更多的书开阔视野，陶冶情操，阅读伴我成长，成长才会不孤单。

教师点评：文章语言纯朴可爱，充满了童真童趣，一个热爱读书的小男孩形象跃然纸上。愿永远坚持下去，开创美好的生活。

——刘颖

奇妙之旅

雄县第一小学六（4）班　肖　尧

《新闻联播》里经常说：中国特色社会主义进入了新时代。可是我们这一代青少年，从小就生活在优越的环境里，左思右想也不能说出什么才是新时代的标志。直到那一天，爸爸带我参观雄安新区市民服务中心，我才深切感受到高科技让人类的生活更美好，这就是新时代呀！

首先映入眼帘的是宽阔整洁的街道和各种各样的树木。最让我感到兴趣十足的是路两旁的建筑物。参观过程中，我仔细阅读每栋建筑物的介绍与说明：房子建筑过程像搭积木一样，环保干净，没有噪音也没有粉尘，而且里面冬天不用暖气，夏天不用空调。整个城区的排水系统特别先进，它像一块巨大的海绵，充分利用各种水资源，从而达到节约用水的目的。

服务中心里有一座无人超市，对我来说感觉有些陌生，强烈的好奇心驱使我进去看看。进超市前首先要扫码注册，然后拍照，这些完成后就可以进入了。超市里的商品摆放得井井有条，物品种类琳琅满目。我挑选了几样自己平时喜欢吃的小食品后，走到了结算区。通道地面上有两只脚丫的图案，踩在上面，抬头对着摄像头，马上语音提示已结算成功。我走出超市，感觉还有些不可置信，实在是太有趣了。

通过这次有意义的参观，我不得不承认新时代给我们的生活带来了翻天覆地的变化。新时代属于每一个人，每一个人都是新时代的见证者、开创者、建设者，让我们一起努力，把家乡建设得更加美丽！

教师点评： 读着你的文章，跟随着你的脚步，老师也参观了一遍雄安新区市民服务中心，也深切感受到了高科技给人类生活带来的变化。你是一个生活的有心人，是一个新时代的好少年，怀抱梦想创造美好明天！

——刘颖

雪　人

雄县第一小学六（4）班　张宇珊

一张又白又大的圆脸，雪人似的身体，在阳光下笑得开心——他便是我的同学——王鑫喆。

月考之后我又和他分到了一组，这真是一个悲剧！

我是组长，全组的纪律都由我管，可我怎么也管不住王鑫喆，就像冬日里微弱的阳光晒不化雪人一样。

一次自习，大家都在完成老师留下的作业，就他特立独行，一直在笑。我也猜到缘故了，无疑是我刚才推了推桌子而已。我提醒过他，他没有在意。直到我生气，他笑得更厉害了，并叫大家一起欣赏这“美丽”的脸色。

他的懒惰一般人是比不上的。每次午自习时，他就拿一瓶可乐靠在身后的墙上，慢慢地品。窗外的阳光格外强烈，照射在他身上，他居然还伸一个大大的懒腰。同桌的我，实在看不下去了，拍了他一下，谁知他反咬我一口，跟我大嚷了起来，这声音，好似谁也不服。

因为他的不配合，万不得已我打算向老师提出分组，可是一想，哪个组长又愿意接受这颗“灾星”呢？到了嘴边的话，还是咽了回去。

王鑫喆这样的表现班里人人皆知，当过他组长的我更是深有体会。也许是听了内心的倾诉，我不想再当他的第三组组长了。

这就是王鑫喆，那个太阳都晒不化的雪人。

教师点评：本文的写作方式不同于其他同学，一个一个的短句子，连成了一篇生动有趣的文章。由外貌上的白想到了雪人，并且把二者的相同点刻画得啼笑皆非，非常了不起。在你的眼中，王鑫喆是特立独行的；在老师的眼中，你也是特立独行的。因为你的文章细腻灵动，令我忍不住地对你称赞。

——刘颖

雄安新区——我的家，我的梦

雄县第一小学六（5）班　梁　朔

举世瞩目的雄安新区设立啦。消息一出，雄县、容城、安新三个无人问津的小城在一夜之间沸腾了，人们欢呼雀跃，举城欢庆。从此，我们的生活便发生了天翻地覆的变化，在这方圆100平方千米、人口百万的土地上新区的种子开始萌发。无数的长辈们成为新区建设的第一代人，而我也成了新区变化的见证者。

新区设立伊始，当我们还沉浸在这巨大幸福之中时，无数的企业和工作人员已经早早地来到了我们的家乡，开始了他们的“造梦计划”。变了，真的变了，一切就像朱自清笔下的《春》中所写：“盼望着，盼望着，东风来了，春天的脚步近了，一切都像刚睡醒的样子，欣欣然张开了眼……”

在我的眼中，变化最大的莫过于每天穿梭于各个站点的公交车，还有街道上那一排排橘黄色的共享单车了。新区设立以来，为了方便人们的工作和生活出行，一批批无碳环保的公交车和共享单车应运而生，瞬间，这小小的县城有了都市一般的感觉。平时忙得不可开交的家长再也不用因为没有时间接送孩子而发愁；平时不爱出门宅在家里的人们也因为有了这样的便利可以随时外出；更有一批低碳环保人士放弃了开车，骑上脚踏车，开始了他们的绿色行动。人们忙碌的身影依旧，而路上的机动车辆却在明显减少，我仿佛看到头顶的天空似乎变得更加蔚蓝，空气也格外清爽了。啊，美丽的新区，感谢你使我的家乡有了大都市的风情。

当清晨的第一缕阳光洒在街道上时，一群穿着红色背心、头戴小红帽的人正在挥舞着手里的红旗，有条不紊地指挥着学校路口的交通。是的，他们不是交警，却行使着和交警一样神圣的使命。新区设立后，我们的校园成立了护学队伍，每天组织部分家长轮流站岗值班。自此，没有了秩序混乱的人流与车流，一切都井然有序，人们不再为交通拥堵而烦恼，既方便了出行，又让学生安全过马路得到了保障。有的时候，我都忍不住想加入他们的行列，也做一次小小的“交警”，护送低年级的小朋友过马路，去尽一份我的心意。啊，美丽的新区，感谢你走进了我们的学校。

随着生活水平的不断提高，人们开始追求高品质的生活。新区人也不例外。如果说以前的早晨，你或许只能看到稀疏的跑步或散步的身影，现在，新区来了，无论是清晨还是午后，甚至夜晚，无论是公园、广场，还是小区的公共场地，随处可见锻炼的人群，到处是欢声笑语，一片祥和。啊，美丽的新区，感谢你走进了我们的生活！

从白洋淀畔湿地木桥上总书记的嘱托到未来岁月 2000 平方千米的规划，从万亩森林计划的启动到高速铁路建设仪式的启动，从国有各大集团公司的纷纷加入援助到我们学生最最关心的“雄安大学”的横空出世……雄安新区，千年大计，牵动着祖国上下亿万人的心，我们都在翘首期盼。

美丽的雄安新区，真是在飞速变化，寂寂无闻的小县城逐步朝着高科技的大都市迈进，翻天覆地不是夸张，因为，当你真的生活在这里的时候，就会发现，每一天都是崭新的、新奇的。我相信，它的未来将会更加的不可估量。所谓的“数字城市”“智慧城市”等我不是很懂，但我知道，未来的雄安新区就是这样的城市，而我就是其中的一分子。

加油吧，雄安新区！加油吧，每一个生活在雄安的人！让我们携起手来，共同打造崭新的未来。

教师点评：文章层次清晰、详略得当、主题突出、语言简洁有说服力，以独特的视角从不同角度深刻阐述了雄安新区的设立带给新区人民生活的改善，展现出新时代新区人民一派欣欣向荣的生活景象。

——刘冬梅

春节真忙碌

雄县第一小学六（5）班　门依硕

最热闹的传统节日莫过于春节了，家家户户都在为过年而忙碌着，人人都沉浸在春节的喜悦中。春节要准备的事情数不胜数，下面就来看看我家是如何分工的吧！

早在腊月二十三小年就开始了，“消除灰尘”——大扫除，“准备年货”——买鸡鸭鱼肉。春节准备期间，爷爷是大主管，买肉、买鸭，他掌握数量，炖肉、炖鸡，他掌握火候。年夜饭是最重要的一餐了，当然得大厨亲自上阵啦！妈妈化作“田螺姑娘”收拾房间。爸爸扮上“蜘蛛侠”飞檐走壁，打扫卫生。心灵手巧的奶奶最轻松了，剪一个葫芦，剪一对“福”字，剪一朵雪花，屋子里到处洋溢着奶奶对剪纸的热爱和对新一年的企盼。我和弟弟只能走街串巷买点干果、糖块，边走边玩，时不时偷吃一两颗糖块，甜甜的糖块化在嘴里，就如人们对新的一年的美好憧憬。街上行色匆匆的人们都在为新的一年的到来而忙碌着。

春节前期是忙碌的，这些忙碌是为了在春节犒劳一下辛苦一年的自己。在外辛苦了一年的人们拎着大包小包回家团聚，只为了吃上一顿团圆饭。

教师点评：文章语言生动有趣，充满年味儿，详细地写出了在春节准备期间全家人分工劳作的场面，颇有画面感。

——刘冬梅

梦想使生活更美好

雄县第一小学六（5）班　张　韵

它，犹如浩瀚星海中的一颗璀璨的明珠，照亮人生；它，犹如生活里的一丝光亮，让我们寻找缝隙中的希望；它，犹如荒野中的一条蜿蜒的小路，让我们走上那条通往成功的路。

没错，它，就是梦想。

警察在我心目中堪称英雄，我的生活因他们而美好。

八岁那年，一次巧妙的机遇，使我们之间结下了不解之缘。那天，我正和家人一起逛街，忽然在我们身边有一股风袭来，还有几声大喊，扭头一看，几名便衣警察早已将贼眉鼠眼的坏人制服了。我当时看得目瞪口呆，对警察的敬仰之情油然而生，我想，正义的化身，也许就是警察吧！警察多么伟大呀，他们消除了恶霸，坚韧不拔，威风凛凛，帅气十足！我以后也要像他们一样，做一个文武双全、机智勇敢的女警！

此后，在生活中我心向正义，依旧坚持不懈地去追求我梦寐以求的理想。我尽力使自己从内心开始变得强大、正义，不惧任何困难，勇往直前！我的生活也随之改变，处处洒满了灿烂的阳光。我更加坚定地向我心目中美好的梦想出发！

从那一刻起，我就一直坚信，以后，在众多警察的名单里，必然有我的名字！

嗯，梦想使生活更美好！

教师点评：文章语言优美，内容充实，层层深入，将现实生活中遇到的警察助强扶弱、匡扶正义的一面与自己的梦想巧妙地结合，点明了主旨，也诠释了小作者内心对梦想的那份坚定与执着。加油！老师相信你一定会成功！

——刘冬梅

我家一宝

雄县第一小学六（6）班　杨建豪

我姥爷是一个八十岁的老人，他头发稀白稀白的，一副祖传的瓜子脸，笑起来一脸皱纹，走起路来格外精神。

姥爷是一个明辨是非的人，在我家里大事都要听取姥爷的意见，妈妈爸爸有什么事拿不定主意都要找姥爷商量。有一次大姨和老姨不知为了争什么在饭桌上吵了起来，姥爷的脸沉了下来："食不语、寝不言。"她们便立刻安静了下来。临走之前大姨对老姨说："你等着，我跟你没完！"这句话恰好被姥爷听到了，姥爷把她们叫住："'父子笃，兄弟睦，夫妇和，家之肥也。'这是什么意思？"大姨和老姨低着头不敢言语了，姥爷就说："这不就是家和万事兴吗？做人要学会关心、包容、理解，共同进步、相互扶持，你们这算什么，我希望你们把疙瘩尽量解开，给彼此多一点理解，多一份包容。"姥爷语重心长的一番话，不但让大姨和老姨重归于好，握手言欢，还更加亲密了。

姥爷不但是他儿女们人生路上的一盏指路明灯，对我这个隔辈人也是教导有方。

有一天我赖床，姥爷叫我，我也不起。后来，姥爷给我讲了一个故事：孔子有个口才特别好的学生叫宰予，有一天他赖床，让孔子看见了，孔子说了一句世人都知道的名言：朽木不可雕也，粪土之墙不可圬也。我听了后决心再也不赖床了，因为我不想成为"朽木"和"粪土之墙"。

俗话说：家有一老，如有一宝。在我们心里姥爷就是一宝。我希望姥爷身体健康、寿比南山。

教师点评：小作者用具体事例写出了姥爷对晚辈在做人、做事上的正确引导，弘扬了中华传统，立意新颖。小作者在文中引经据典，语言成熟，全文过渡自然，结构完整，是一篇佳作。

——杜海平

我的好朋友

雄县第一小学六（6）班　张泽轩

他有着一张能说会道的大嘴巴，一双炯炯有神的大眼睛，一个挺高的鼻子，一双蒲扇式的大耳朵，一个方方正正的脑袋，一米五的个子，不胖不瘦的身材。他就是我的好朋友——白皓天。

白皓天非常喜欢恶作剧，他的这一特点让老师非常头疼。

记得那一次，老师好像是有什么急事，给我们留完作业就匆匆忙忙地走了。教室里面非常安静，连一根针掉下来都能清楚地听见。忽然，一阵大笑打破了教室的宁静，我扭头一看，原来是白皓天在做鬼脸逗大家笑。只见他用大拇指用力往上弄他的鼻子，用小拇指用力地将自己的耳朵往前弄，他一边做一边还说着：“我就是猪八戒，猪八戒就是我。”我们全班都被他逗得捧腹大笑，笑声都快把房顶抬起来了。

这类事情在白皓天身上还发生过许多，虽然老师经常批评他，但他依然是我行我素，同学们也因此对他敬而远之。但是，我的妈妈说：“香蕉可以从两头剥，看人也不要只看一面。”

那是一个大课间，同学们三个一群，五个一伙，有的在做游戏，有的在聊天……教室里没有了上课时的严肃、紧张气氛。忽然，一个声音如炸雷般响起：“不许欺负老实人。”教室里立刻安静了下来，同学们的目光齐刷刷地射向那个炸雷响起的地方。捣蛋鬼白皓天怒目圆睁，头发都竖了起来。“你马上把书给王子鸣捡起来。”班长走了过来：“白皓天，你又要干什么?”“我亲眼看见梁天把王子鸣的书扔到了地上，还用脚踩。”白皓天气愤地说。（王子鸣是我班个子最小也是最老实的一个，让人常常忘记他的存在。）只见罪魁祸首梁天极不情愿地弯下腰把书捡了起来。

“好了，大家都散了吧。准备上课。”班长发话了。“不行，他必须给王子鸣道歉，并且保证今后不再欺负人。”在白皓天正义的震慑下，梁天终于弯下了腰：“王子鸣，对不起。我以后再也不欺负你了。”

“好！白皓天，白大侠!”同学们边喊边鼓掌。

上课了，这节课我竟然走神了，我想起了有一次白皓天帮别的同学值日，还有一次开运动会他把脚崴了依然坚持跑完了八百米……

教师点评： 文章写的是一个纪律不好，让老师头疼、同学嫌弃的“坏学生”。小作者用正、反两个事例，刻画了一个课堂纪律不好，但是却有“侠肝义胆”的小学生，叙事有详有略，语言生动形象，人物特点突出，呼之欲出。文章中心明确，结尾新颖，富有深意，耐人寻味。

——杜海平

我的爱好

雄县第一小学六（7）班　韩琳萱

书是清凉可口的泉水，让人品尝之后感到甘甜解渴；书是悠闲自在的白云，让人仰望之后浮想联翩；书是美妙缤纷的画卷，让人欣赏之后大饱眼福；

书是精彩有趣的动画，让人观看之后乐在其中。

是的，这就是我的爱好——读书。

家里的各个角落，都能看到我的课外书籍，无论处在家里的哪个位置，我都能享受到书籍带给我的快乐。

记得小时候，爸爸开车带我们出去玩儿，为了打发路上漫长及无聊的时间，我随身带了一本《白雪公主》在路上阅读。通过阅读这本书，我了解到了白雪公主的善良美丽、王后的凶险恶毒、小矮人的好心善良。最终，王子与白雪公主有情人终成眷属，过上了幸福的生活，而恶毒的王后自食其果死于山崖下。就在我对书中故事回味无穷时，爸爸已经开车到了目的地，我这才恋恋不舍地离开了书中的世界。

我对书的渴望不仅仅限于在路上打发无聊的时间，每天放学写完学校布置的作业后，我就会趴在床上看书。有天晚上，我正在床上津津有味地看书，沉浸在书的世界中，妈妈进入我的房间，催我早点洗漱睡觉，我只好先把书收起来。后来等妈妈休息后我又偷偷地看起书来。我像一只饿极了的小狼崽，贪婪地吮吸着书中的知识。天上的星星越来越多，月亮越来越亮，犹如白昼，我不经意地看了下表，竟然都十一点了，为了明天能够早起，我只好放下手中的书去休息。

一日无书，百事荒芜。读书俨然成了我生命的一部分，它让我品尝到了清凉可口的泉水，仰望到了悠闲的白云，欣赏到了美妙缤纷的画卷，看到了精彩有趣的动画。我相信，我的这个爱好坚持下去，将会使我获得更多益处！

教师点评：文章内容真实具体，用具体的事例写出自己对书籍的痴迷与渴望。文章语言流畅，用词优美，开头、结尾的排比句如行云流水般写出书籍的妙处，激发大家的读书热情；首尾呼应，使文章形成一个整体。努力！再创辉煌！

——董卫红

我的音乐，我的梦

雄县第一小学六（7）班　李明轩

我可以丢下我的一切，却不能丢下音乐，因为我爱音乐。

我认为音乐是奇妙的、神圣不可侵犯的，每个音符都有它独有的特点，就如我们人一样，每一个个体都是独一无二的、不可或缺的，虽然渺小，但团结起来就会产生巨大的力量。音符也是如此，看似很小，但许许多多的它们组合起来就可以演奏出一篇华美的乐章。

我爱的音乐有许多，有摇滚的，有流行的，有古典的，有现代的，有伤感的，有励志的……它们不仅旋律优美、动听，而且能够深深震撼我们的心灵。比如我最喜欢的励志类型的音乐，它能带给我们一种乐观向上、积极进取、坚持不懈的正能量，激励我们勇往直前、奋发图强。

我不仅喜欢听，还非常喜欢唱，更让我自豪的是，经过层层选拔，我被选入了我们学校里的合唱团。其实，在最开始的时候，我唱歌并不好听，还经常被我的好朋友们开玩笑，说我五音不全，根本就不是唱歌的料。但是我并没有放弃，因为我真的对音乐着迷，所以，只要一闲下来，我就会努力练习。功夫不负有心人，我的歌声最终还是得到了大家的认可。

音乐是无形的，润物细无声，它静静地滋养着我们的心灵；音乐是有意义的，它的内在精神品质，不知影响了多少人的内心，改变了多少人的命运。我们可以从音乐中品尝酸甜苦辣，更可以从音乐中感受百态人生。也正是如此，我才一直深深地爱着它！

真希望有一天，我也能够创作出属于自己的音乐，拥有自己忠实的听众。希望他们可以从我的每一个音符中感受到生活的美好，感受到生命的律动，更希望他们从我的每一句乐词中找到心灵的归宿，体味到各自独有的灿烂人生。这是我小小的音乐梦，在未来的日子里，我一定会努力学习，认真钻研，一直坚定不移地走下去！

教师点评： 小作者很善于捕捉生活中的题材，写作方法也较为巧妙，从音乐的好处、音乐的类型、进入学校合唱团等几方面入手真实地反映出作者对音乐的酷爱；又通过写“我的歌声最终还是得到了大家的认可”，衬托出作者的辛勤付出结出了硕果。文章语言流畅，又不乏哲理。努力！再创辉煌！

——董卫红

我想有间小书屋

雄县第一小学六（8）班　史羽珍

我想有间小书屋，在知识的海洋中尽情遨游；我想有间小书屋，在书香中慢慢陶醉。我想有间不一样的小书屋，一间静谧、优雅的小书屋。

我想有一间在树林中的小书屋，在那里倾听鸟儿歌唱；我想有一间由木头制成的小书屋，在其中享受书香、木香与花草的香气混合在一起的味道。我可以坐在小书屋中，轻轻翻动那一页页写满美妙音符的书页。

在那里，没有令人心烦意乱的噪音，没有混合着汽油、烟雾的气体，只有安静的氛围、芳香的空气。我会挑选一本心爱的书，舒服地阅读。没有人会打扰我，也不会有什么事情能打扰我。同时，在闲暇时间，我可以在林间散散心，与露珠交换眼神，与鸟儿互诉心声，头脑中回想着那神奇的知识。我的小书屋可以让我甩掉任何烦恼，沉下心来静享书籍的美好。

我会像一只小饿虎，贪婪地吮吸书中所有的营养；我会细细品味每一部名著，从人物的喜怒哀乐、一言一行中去感悟作者的心情。书籍也滋养了我的身心，塑造着更美好的自我。

我想有间小书屋，在书香中慢慢浸透，沉迷。

教师点评：小作者难得有如此高的境界、品位，文章立意极高，语言优美流畅，想象丰富合理，极为难得。

——梁书菊

说文解字——爱

雄县第三小学六（3）班　董林李

世界有各种各样的爱，有父母和子女间的爱，有恋人之爱，有友人之爱，有同学之爱，更有老师孜孜不倦的教导之爱，以及人民对于祖国的热爱。每个人都生活在爱的世界里。

可是在这个被爱包围的大家园里，你真正了解爱的内涵吗？

在小篆的写法中，爱的字形很像一个人双手捧着“心”，嘴巴张得很大，好像在诉说心中的爱意。发展到隶书和楷书时，“爱”的写法为“愛”，“心”字仍然保留着，意思是真实的爱是要用真心去对待。这也说明“爱”是一种发自内心的深厚感情。我想这就是爱的本意吧。

还记得那次四年级上半学期期末考试，我考得不尽如人意，我都不知道如何向我的父母交代了。放学了，我硬着头皮往家的方向走，我多么希望这是一段永远也走不到家的路啊，那样我就不用回家面对爸妈的询问了。但残酷的事实是，我家距离学校只有一站地的距离，不到 5 分钟我就到了家门口。我极不情愿地敲了三下门，我多么希望里面没有人开门啊，那样我就不用告诉他们我的成绩啦。但是事实也是残酷的，我还没敲第四下门的时候，家的大门就已经为我敞开了。开门的是爸爸，噢，他的脸色不太好，完了，我又要被教育一番了。我多么希望他不会问我的成绩啊，那样我就不会再烦恼了。但事实还是残酷的，我进家门还没落脚，就被爸爸一通追问："考得怎么样啊，是班级第一吗，在年级排第几名啊……""干吗呀，儿子刚回来，总得让他歇会儿吧，儿子你先坐下，这学期终于结束了，先放松一下吧，玩会儿游戏吧，妈给你去做好吃的。"听到这里我一下子就绷不住了，眼泪直从眼眶里冒，想止都止不住。爸爸妈妈还纳闷呢，怎么了，怎么一进来就哭啊。过了一会儿，妈妈看我心情平静下来了，问我："怎么了，儿子，是不是这次没有考好啊？"我把成绩如实告诉了他们。爸爸刚听完就对我说："你怎么……""好了好了，考不好也没有关系啊。平时我们那么努力地学习，成绩排名不重要，知识都掌握了就好。"妈妈没等爸爸说完就开始安慰我，我的心里顿时感受到了一丝温暖，但想到考试的成绩，又把仅存的一丝温暖也给浇灭了，眼泪就又不争气地流了下来。妈妈好像会读心术似的，一下子就看穿了我的心思，对我说："哎呀，男子汉大丈夫，怎么这么多愁善感啊，这还叫事啊，走，咱们三个一起去游泳。"一路上妈妈净是说些好玩好笑的事，我知道都是为了转移我的情绪。妈妈真是用心良苦，有那么一两次我还真就被妈妈逗乐了呢。到达游泳场，妈妈见我还是提不起兴致，就假装对我说："今天你没考好，我罚你先在深水区游够十个来回才能去浅水区玩儿。"也不知是真的想受罚还是想发泄，妈妈话音刚落，我"扑通"就跳入了深水区。十个来回我从来没有尝试一次性完成过，因为那不是一件轻而易举的事，但是那次那十个来回除了计数和调整呼吸，我什么都没有想。当完成时，妈妈高兴地说道："太棒了儿子，祝贺你挑战十个来回成功！"在和妈妈击掌庆祝的一瞬间，我笑了，似乎考试的失利并没有那么让人伤心了。接着妈妈又轻描淡写地说："你看，一次考试真的是一件小得不能再小的事了，战胜自己，享受阳光，体验运动的快乐，进而取得新的进步才是失利后最好的状态，加油儿子，妈妈相信你，一定能做个自信阳光的少年！"后来我知道了，妈妈学过心理学，她懂得情绪转移法的运用，而且妈妈也告诉过我，运动能使人的大脑产生多巴胺的兴奋物质。就这样，不到半天的时间，我就在不知不觉中从考试失利的阴影中走了出来。妈妈就是这样用她独特的爱的方式陪伴着我成长。

爱的释义有千万种，爱的方式也有千万种。爱有时是一个手势，有时是一句玩笑话，有时是默默的陪伴……大爱无形，我知道，爱，就是要用心去对待自己爱的每一个人。

教师点评：文章开头从“爱”字的写法追根溯源，阐述了“爱”字自古至今的字面含义，接着用具体的事例说明妈妈对自己的“大爱无形”。事例中心理描写细腻，逻辑性强，把自己被妈妈的爱一步一步地感化和引导的过程表达得丝丝入扣，结尾又以总结性语言，紧扣“爱”的主题，将爱的内涵再一次阐明：爱，就是要用心去对待自己爱的每一个人。

——李艳红

有你，真好

雄县第三小学六（2）班　杨佳璇

光阴似箭，日月如梭，不知不觉中你已经一岁多了。你的到来，使我的生活充满了色彩，你的到来，使我们的家庭充满了欢声笑语，妹妹，有你，真好！

2017 年 10 月的那一天，让我记忆犹新。虽然已经入秋，秋风瑟瑟，让人冷得打哆嗦，可我却一点也没注意到，因为你就要出生了。我怀着激动、滚烫的心迎接你的到来！一整晚，我翻来覆去睡不着觉，躺在床上幻想了许多将来的事情：你是男孩还是女孩呢？给你起个什么名字好呢？我以后要怎样教你走路呢……凌晨四点钟接到爸爸的微信，你的啼哭声居然是那么的悦耳，那是来自天使的祝福吧？你睁开迷蒙的眼睛望着这个对你来说陌生的世界，满眼都是好奇。你回到家，我新奇地握住你的小手，我们的第一次相见，是世上最激动的相见。

就这样，你闯入了我的生活，来到了这个家！我高兴得不得了，每天围着你转，捏捏，抱抱，亲亲。妈妈去做饭了，我看着你，你很听话，不吵也不闹，还朝着我咯咯地笑。你一天天慢慢长大，会爬了，会走了，开始咿咿呀呀学说话了，我的日子因为你而被填得满满的。

但是，一些不和谐的小插曲也经常发生。一次，我将写完的卷子随手放到了沙发上，大家谁都没有注意到你什么时候走了过去……当我发现时，已经晚了——你一把抓起我的作业，两只小手随意揉搓拉扯着。我急忙跑过去，一把夺了过来，看着被揉得皱巴巴的卷子，心里又生气又委屈，豆大的泪珠落了下来。我想：我不要妹妹了，再也不要理你了。可你并不知发生了什么事，还乐滋滋地给我送来了一块饼干，我没有理你。过了一会儿，你又奶声奶气含糊不清地像跟屁虫似的追着我一声声地喊着“姐姐，姐姐——”唉，我还怎么气得起来呢？

在我心中，你就像是夜空中最闪耀的那颗星，永远吸引着姐姐的目光。虽然你也经常调皮捣乱：摔坏了我的奖杯，咬掉了我心爱的芭比的胳膊，在我的书包、课本上乱画……可是这一切的一切跟你带给我的欢乐比起来，是那么微不足道！成长的路还很长、很长，无论风雨，姐姐都会牵着你的小手，陪着你一起走！你知道吗？我们是这个世界上最最亲密的人哦！

有你，真好！

教师点评：小作者以轻松愉悦的语气向我们娓娓道来，令人回味无穷。文章通过描写妹妹的到来与生活中的小事，生动地刻画了妹妹的调皮和可爱，字里行间流露出对妹妹的偏爱与迁就。

“有你，真好!”以感受开头，以感受结尾，这样使文章前后照应，首尾连贯，使浓浓的姐妹深情淋漓尽致地表达了出来，语言充满真情实感，让我们为之感动。

——杨玉军

有你，真好

雄县第三小学六（1）班　陈雯雯

我的童年将要结束了，我想象着自己的未来，也回忆着过去，才发现，有你，真好——我的妈妈。

“妈妈”这个词非常伟大，同样，妈妈也是一个非常伟大的职业。没有妈妈就没有我们，妈妈含辛茹苦地将我养大，没有人能代替妈妈。我们想吃的零食妈妈给买，想穿的衣服妈妈给穿，想听得故事妈妈给讲。妈妈，有你，真好。

我已经记不起那时我上几年级了，但我牢牢地记着妈妈那时的模样。那天下午，倾盆大雨，电闪雷鸣，我和往常一样去上学。天空乌云密布，整个世界黑漆漆的，教室里开着灯，显得很亮。在这样的天气下，我们几乎动也不敢动一下，生怕雷劈到我们，谁让我们那时候还小呢。散学时，天空依旧打着雷、下着雨，老师让我们等家长来接，可平常我都是自己回家的，我生怕妈妈不来。我眼睁睁地看着一个个同学被家长接走，心里很难过。“老师，我是陈雯雯家长，我来接她。”“妈妈!”我高兴极了，终于有人接我了，等这高兴的劲头过了，我看见妈妈的衣服都快湿透了，冰冷的雨水顺着她的头发，流到脸上。我紧紧握住她的手，冰凉感透过皮肤直冲心脏。她气喘吁吁的，显然是跑着来的。

在那一刻，我再也不怕了，不怕这电闪雷鸣，不怕这风吹雨打，因为我的身边有妈妈，有这世界上对我最好的人。我知道，不论刮多大的风，下多大的雨，闪电怎样划破天空，雷声如何震慑人心，我的妈妈都会像超级英雄那样，在我最需要呵护的时候出现在我的面前。妈妈，有你，真好。

在我的生命中，会有千千万万的人与我擦肩而过，我要记住的人有很多，我要报答的人也有许多，我要珍惜的人更是数不清，但最令我难以忘怀的、唯一报答不完的、最要好好珍惜的人就是妈妈。

是妈妈给了我来到世界上的机会，是妈妈让我看到这么多的景色，是妈妈教给我做人的道理……我爱她、敬她，每一刻都在挂念她。

妈妈，有你，真好。

教师点评：作文是抒发心灵的芳草地，这篇文章深刻地诠释了母爱的伟大。文章例子真实感人，字里行间流露出母亲对作者的关爱以及作者对母亲的尊敬和感激。文章语言清新平实、行文流畅、主题鲜明，读来让我们感到温暖和亲切。

——张翠敏

离群的小蜜蜂

涿州市南良沟中心小学六年级　黄茗兰

春风一吹，小虫出动，看看桃花，朵朵粉红。春风姑娘吹了口气，花朵争相开放，草儿变得碧绿如波，世界变得五彩缤纷，看，八只小蜜蜂正在花丛中专心致志地采着蜜。

不好，这群小蜜蜂中最小的一只蜜蜂扎到了手，向哥哥姐姐们寻求帮助，可是他们都忙着采蜂蜜，谁没有注意到他。他失望地说："哼，你们都不关心我，我总是采的蜂蜜多，吃的却很少，我不理你们了，我要去人类世界交朋友了。"

小蜜蜂到了医疗室包扎后，回到自己的卧室，收拾好行李，然后在桌上留下了纸条："我去人类世界了，再见！"

午后，小蜜蜂便开始了旅程。他飞进了森林，可刚飞了不久，就遇到了天敌——马蜂。马蜂站在小蜜蜂前面撑着腰，恶狠狠地说："此路是我开，此树是我栽，要从此路过，留下买路财。"这下小蜜蜂可犯了愁，我还这么小，怎么会有钱呢。他趁马蜂不注意使劲往前飞，马蜂紧追其后，一边追一边大声喊："再跑，小心我吃了你。"

小蜜蜂飞得快没了力气，忽然他看到前面有一个蜘蛛网，便灵机一动，竭尽全力地冲蜘蛛网飞去。快飞到蜘蛛网时他猛然头一低往下飞去，可马蜂因为飞得太快受到惯性的影响，一头粘在了蜘蛛网上。

"哇，我赢了！"小蜜蜂高兴地欢呼起来。他飞过了森林，打开了通往人类世界的大门。

到了晚上，他想在人类的房间借宿一晚，可是人们拿着苍蝇拍到处追赶他，他的翅膀差点就被拍掉了。他东躲西藏，累得筋疲力尽。他很失望，开始有点想家了。

第二天早晨，小蜜蜂想寻找一片美丽的花丛，雾霾却笼罩了整个大地；他想采些蜂蜜，花朵也被污水污染得都枯萎了；他想喝一口小草上新鲜的露珠，小草却被灰尘覆盖。他又累又饿，失望极了，非常想念自己的家园。

小蜜蜂经过了一天一夜的磨难，后悔莫及，悔不该当初离开群体。就在他孤独无助时，忽然听到有人在喊他的名字，他抬头一看，是小伙伴们来找他了。他兴奋不已："谢谢你们来找我，都是我不好，我不该一意孤行，脱离团队。"

小蜜蜂跟小伙伴回到了自己的家园，又过起了快乐的生活。

教师点评： 小作者有很强的语言驾驭能力，在娓娓动听的故事叙述中给人以启迪。假以时日，相信你在写作上会打造一番天地的。

——张晓东

玉 兰 花

雄县米北庄小学六年级　高晨妍

虽是初春，太阳却早已暖暖地照在了地上。循着玉兰的清香，远远望去，挺拔的树上点缀着朵朵玉兰花。不，这可不是一树玉兰花呀，这不是一树蝴蝶吗？

近距离观望，玉兰花的形态各异，但是她们都有一个特点——美。她们有的吸取了天地精华，含苞欲放；有的已经绽放了一半，正在努力地生长；有的却抢先开了，正咧着嘴笑呢。

鸟儿从天边叼来一片彩霞，想要做一身漂亮的新衣。白云在狂奔——和太阳的见面要迟到啦！巧的是，小鸟和白云撞在了一起。小鸟急忙摆动翅膀保持平衡，但是白云和彩霞却掉了下去，正好落在玉兰花上，把玉兰花的叶子压了下去，玉兰花从此没了叶子。白云不好意思，就把自己的一点身体连同彩霞撒在了玉兰花上。白云心急了，没撒匀，让玉兰花有白的，有紫的，有粉的……太阳知道了，去找玉兰花道歉。但是它太热情了，以至于玉兰花有点害羞了，她转过头去，背对着太阳。

玉兰花又叫望春花，这个名字起的真是好：望见她，就望见了春天的脚步；望见她，就望见了春天的踪影。

虽然玉兰花总会有落下的那一刻，但是她在落下前绽放自己的光彩，也就没有遗憾了吧。

教师点评：小作者有诗性语言，张弛有度。读你的文字，会感受到诗意和美好，感受到阳光和纯真。

——张晓东

最好的作品

雄县第一初级中学七年级 11 班　陈靓芸

落日像一抹颜料掉进了水池中，刹那间染红了天空，云朵慢悠悠地在空中游荡。我百无聊赖地托着腮帮子，在本子上写着我新编的小说。我垂下眼帘，这种在写作上卡在一个点上的感觉真不是滋味。

我失望地将本子合上，靠在牛皮座椅上——这一般都是我无聊时的表现。我的目光落在书桌上的每一个摆设上，想借此寻找些灵感。桌上的书该放回书架了吧，摆在旁边的平板电脑也该擦一擦了，还有几支被我取出来的马克笔正躺在桌上无声地看着我。

好烦，好烦！我像是和谁赌气一般，抱怨着把那些东西推到一边。无意间，我瞥见了靠在角落上的抽屉。我要没记错的话，这里面装着几本我小学时写过的小说。

我期待地拉开抽屉，马上就看见了几本掉页的、封面幼稚的本子。我将它们拿出来，宝贝般地看着这些本子。

就先从这本看起吧。我随手拿起一个语文书大小的牛皮本，一页一页地翻着，心中感慨万千。

这应该是我四年级写的吧，插图上的人物线条笨拙，上色不均匀，透着几分认真，内容大概讲了一个关于人与妖怪的友谊的故事。那些字又大又难看，却注入了感情，句子中有些地方用词不恰当，人物之间对话不流畅，但已尽力而为。

我合上那个牛皮本，心中有点感动，这本小说，包含了我对未来的幻想啊，里面不光封存着我的童年，还带着时间的味道。

接下来我又看了剩下的小说，从四年级开始一直到六年级，我写的小说一直在进步，插图也画得越来越精心，心中的感动慢慢地覆盖我的大脑。我趴在那些小说上，闻着它们身上那些岁月的味道。

夜，悄悄地降临了，就像一块白色的画布被染上了深蓝色，没有月亮，但透露着神秘。

我再次提起笔来，灵感像吹在空中的泡泡，一直不停地冒。带着曾经的期待，带着我对未来的憧憬，我一直在努力地完成最好的作品。

教师点评：小作者诗意般的语言具有很强的张力，叙事的能力令人惊叹，文字中的情感有着旺盛的生命。写文章是靠读书、靠悟性的，你都具备。老师等你飞翔。

——张晓东

三尺讲台的播种者

雄县第二中学九（7）班　任子冰

有一份感情，没有天空辽阔，却足以让我们铭记在心；有一份恩情，没有大海深沉，却叫我们不敢忘记；有一份热情，没有高山豪迈，却让我们潸然泪下。

三尺讲台，一支粉笔，您无所保留地把知识传授给我们。从青春年华到丝丝银发，您就这样几十年如一日奉献着，不曾后悔。

春蚕一生没有说过自诩的话，那吐出的银丝就是丈量生命价值的尺子。敬爱的老师，您从未在别人面前炫耀过，但那盛开的桃李，就是对您最高的评价。

"教师"这个普通的职业，让一代代人从无知到有识，也正是"教师"这个称谓，让您有了责任感。

"5・12汶川大地震"中，一位名叫谭千秋的老师张开双臂用生命守护四名学生的画面永远定格在人们的心中，场景凝重得让所有人动容。那天，正在教室里讲得起劲的谭千秋感到不对劲，之后地震突如其来，他大声喊："大家快跟我往楼下跑，什么东西都不要带！"这时，还有四名同学已没有办法冲出去，谭老师立即将他们拉到课桌底下，自己弓着背，张开双臂紧紧地趴在课桌上。他咬着牙，拼命地撑住课桌，如同一只护卫小鸡的母鸡。他的身下蜷曲着四个幸存的学生……滴答，滴答，滴答，时间一分一分过去了，谭老师不断鼓励臂下的孩子们：坚持，坚持，我们一定能得救。又一次大的余震发生了，有一块水泥板砸向他们，随着一声沉闷的巨响，他们惊慌地哭喊起来，一声声的哭喊，再也唤不醒谭老师……就这样谭老师用自己的生命换来了四位同学的存活。

教师如此平凡，但却是最普通的伟人。

三尺讲台诲人不倦，一支粉笔桃李天下。

夜深了，但我相信，老师家的灯一定还亮着……

教师点评：流畅的语言，生动的描写，字里行间表达了对老师的赞颂。

——刘伟

九月忆恩师

雄县第二中学九（8）班 付 佳

鲜花感恩雨露，因为雨露滋润它成长；苍鹰感恩蓝天，因为蓝天让它翱翔；高山感恩大地，因为大地让它高耸……我们感恩很多人，尤其要感恩我们的老师。

老师是无言的黑板擦，不显山露水，把一生最美好的年华，呈现给粉笔和黑板，擦去了我们所犯的错误，却擦老了自己的容颜。如果老师是宽阔的天空，那我们就是在天空中自由翱翔的小鸟；如果老师是无边无际的大海，那我们就是海里嬉戏的小鱼；如果老师是一棵参天大树，那我们就是在大树下遮风挡雨、弱不禁风的小草……

是老师，教会了我们最初的知识和做人的道理，把我们教育成一个个有责任心、有担当、懂事非、正直的人，而自己的光彩却一点点褪去。正如一副对联中所写到的那样：上联是“一支粉笔两袖清风，三尺讲台四季晴雨，加上五脏六腑七嘴八舌九思十想，教必有方滴滴汗水诚滋桃李芳天下”；下联是“十卷诗赋九章勾股，八索文思七纬地理，连同六艺五经四书三字两雅一心，诲人不倦点点心血勤育英才泽神州”。

假如有人问：在人生的道路上，如果能再有一次机会，让你重新选择，你会选择什么职业？我一定会响亮地回答：教师——这个阳光底下最光辉的职业。因为这是我今生今世无悔无怨的选择！

老师像一支蜡烛，照亮了别人，燃烧了自己；老师像一名园丁，培育出红花绿草、参天大树，却苍老了自己。而我却说，您就是慈母，无微不至地关怀着我们，让我们在您的呵护下茁壮成长；您就是舵手，用心灵之舟引领我们进入知识的海洋，让我们在大海里劈涛斩浪；您就是灯塔，在广阔的海洋里为我们导航，指引我们不断向胜利前进；您就是一眼泉，用知识的泉水滋润我们干涸的心田，让我们学习、生活得更加充实。冬去春来，岁月不停，粉尘染白了您的双鬓，辛苦压弯了您的脊背，勤劳改变了您的面容。

“春蚕到死丝方尽，蜡炬成灰泪始干。”这句诗中写的是蚕与蜡烛的生命短暂，但是短暂的生命也就是它们永恒的快乐！

在这教师节来临之际，衷心地祝愿所有老师节日快乐！

教师点评： 小作者语言驾驭能力强，整齐的句式、精彩的描写、异彩纷呈的各种修辞，让人赞叹不已！

——刘伟

老 师 好

雄县第二中学九（6）班 魏田田

我又一次坐到窗前：窗外葱绿的梧桐叶，绿莹莹的草茵，不时还有一群自在的小鸟嬉笑着飞过。回望过去，曾经有那么一块玻璃，牢牢地禁锢着我的心灵，让我无法释放自己，融身于“窗外”美丽动人的风景……

年幼时，我性格孤僻，只爱躲在教室最后靠窗的一角——那是我个人的天地。朋友们不愿意和一个声若蚊蝇的伙伴玩耍，几乎只会嗫嚅着说话的我让所有老师都懒得提问。“许多人围成一个圈子在游戏而我却被锁在心灵的黑屋子里，远远地望着，永不可能冲破枷锁。窗外温暖的阳光下，我的心，寒冷如冰。”这句话是我当时心情的最好写照。

二年级的时候，来了一位新的班主任，她教语文。在她的第一堂课上，不知多久没被老师搭理的我竟被第一个叫起来回答问题。全班哗然，我呆住了。我甚至埋怨她为什么要和“安分守己”的我作对，让我承受巨大的压力。

然而我还是鼓起勇气站了起来，喃喃着我的答案，然后又偷望了她一眼。

她眯起的眼睛似乎没有恶意，“你说什么，同学，请大声点!”

我咬了咬牙，涨红了脸，又说了一遍。然后是短暂的沉默，静得可怕，我似乎感觉到空气里有了微妙的变化。我无法控制我快要跳出胸口的心。

“同学，你的声音能不能再大一点，大一点。”她还在坚持着。

所有的视线火辣辣地集中在我身上，一股热浪从长眠的心灵冲顶而出，我泪如泉涌，不顾一切地大声喊出了我的答案。

我不敢抬头，更不敢看她的脸。“啪，啪，啪”，接下来分明是她的掌声，为我鼓掌，是的，为我鼓掌！她走到了我的面前，慢慢地，一字一句地说：“你有如此的勇气，喊出自己的见解，难道就没有勇气推开你心中的窗吗?”

我呆住了，热血凝固在发烫的脸颊，耳边震荡着的是方才轻轻震撼心灵的声音——不，那绝对是一声感召！我听到了来自心灵窗外的召唤！是的，是这个声音，打碎了我的精神枷锁；是这个声音，重新铸就了我内心的刚强；是这个声音，让我的内心充满了自信与希望！

三年之后的今天，我再一次坐在窗前，回望我踏下的成长脚印，无不充满了自信和阳光。这一刻，我心中空空如也，除了“感激”二字。真的，我从心底里感谢这位重生我的老师。也许，岁月能模糊我脑海中她的影像，而历久弥重的那句话，早已升华为我人生道路上的座右铭。

窗外的召唤，我永远铭记在心！

教师点评：细腻生动的描写，将铭刻心底的故事娓娓道来，让我们看到了老师的伟大；充满感情的文字，无不蕴含对老师的深情。

——刘伟

柳笛声声

雄县二中八（2）班 宫津晶

编者按：2016年5月1日上午，我在青少年活动中心上写作课。我把清华大学附属中学高二的作文题目读给孩子们，让他们试着写一写。题目是这样的："柳笛是一个盲童，今年十三岁了，他（她）从来没有看见过外面的世界。一天早晨，柳笛醒来，突然发现，自己能看见了……"请你发挥想象，根据情景写一篇作文。下面是宫津晶同学现场写的作文。该作文荣获河北省中学生作文比赛二等奖。

柳笛声声，清脆悦耳，每当纸鸢翻飞、柳条起舞时，它便在大街小巷响起……

（一）

柳笛是一个善良的小女孩，她拥有世界上最美的声音，她的音色就像吹响的柳笛清脆悦耳，所以妈妈就为她起名为——柳笛。但是她却生活在一个黑暗的世界里……

柳笛的出生，对家人来说是一件皆大欢喜的事情，但是好景不长，几个月后，小柳笛生了一场病，病魔带走了她雪亮的大眼睛，从此她再也看不到这个五彩缤纷的世界了。忽然有一天，她用稚嫩的声音问妈妈，世界是怎样的？我们是不是生活在黑暗里？每当妈妈听到小柳笛的问题都会潸然泪下。

"柳笛，妈妈告诉你，我们生活的世界就是黑色的。"

小柳笛笑了，笑得那么甜，那么纯真，她知道妈妈是不会骗她的。可是随着时间的推移，小柳笛长大了，妈妈再也骗不了这样一个善良的孩子了。柳笛听到这样的回答后，并没有掉下一滴的眼泪……

（二）

原来，在几年前与小柳笛生活在同一小区的孩子的嘲笑，早已让柳笛知道自己是一个盲童。她看不到光，看不到色彩，当然也看不到任何人，甚至与她最亲的妈妈也看不到。但是她为什么还要问妈妈呢？因为她想听到家人的回答，想知道自己到底是不是有缺陷。她以为妈妈会告诉她真相。不，没有，妈妈并没有告诉她，她是一个有缺陷的孩子。妈妈希望自己女儿不会被缺陷打倒。然而，这件事是掩盖不过去的。

柳笛就是这样在善意的欺骗中慢慢长大的。她听到妈妈为她讲海伦凯勒的《假如给我三天光明》，从中受益匪浅。她成长起来了，她认识到自己是有价值的。于是，在这几年中，她努力为那些需要帮助的人想解决问题的办法，并且默默地关注并为与自己经历相同的人提供帮助，使他们在精神上强大起来。

她知道自己也可以像凯勒那样去拥抱大自然，知道命运之神为自己关闭一扇窗户的同时还会为她打开另一扇窗户。她虽然看不到，但是她可以听到常人听不到的声音。

她可以听到大海的呼唤，狂风的怒吼，鸟儿的快乐，朝阳的蓬勃……

（三）

有一天晚上，柳笛还是和往常一样听完妈妈讲的故事便熟睡了起来。但是神奇的事情发生了……

“柳笛——柳笛——”

“好温柔的声音，是谁在叫我？”

“是我，柳笛。我是命运之神，我看到了你为社会的奉献，你的无私和你的爱感动了我，我可以为你实现你多年的愿望。我可以让你看到世界！”

“真的吗！”

“真的！把眼睛闭上。”

“命运之神？命运之神！”

柳笛醒了，她从这个美好的梦中醒来了。她慢慢地睁开了她那朦胧的双眼。看到了！看到了！她终于看到了这个世界！

原来她的房间是由粉红色和紫色的油漆装饰的，就像童话里公主的房间似的。十三年了！一个弱小的女孩，是怎么从人们的嘲笑中逃脱出来的？她平时是多么羡慕别人那双能看到世界的眼睛啊！

（四）

她小心地从床上下来，就连空气她都怕碰坏。她用好奇的目光看着每一个事物，即使是她每天独自都能走的路，也要仔细地观察，生怕有一丝的漏洞。她慢慢地走下楼，看到自己对面的女人，她不知道这是谁，只听这个女人说："宝贝，吃饭了！"

她听到这个难以形容的声音后，张开嘴慢慢地讲了几个字，随口喊了出来："妈妈，您就是我的妈妈！"

"你说什么？你看得到我对不对？"妈妈手中的盘子滑落下来，形成了一道美丽的弧线。

"嗯——"柳笛笑了。

"女儿，我的女儿看到了，你看到我了，你看到我了！"妈妈的双手紧紧地握住了柳笛的那双手，柳笛也看到了妈妈那双陌生的温暖的双手。她们母女俩眼睛旦闪动着泪花……

（五）

柳笛跟妈妈说出了自己昨天晚上的梦，妈妈感到十分惊喜。柳笛迫不及待地想去看看这些年她从来没有看到的辽阔的大海、茂密的森林、荒凉的沙漠、广阔的草原……

柳笛又做梦了，她惊笑道："您来了？"

"对。柳笛，世界是不是很美？"

"是的。世界太美了，它拥有古老的建筑、时代的标志，还有大自然的美丽，还有……"

"那你想不想帮助更多的人看到这世界的美丽？"

“当然了！”

“但是——”

“但是什么?”

“但是你付出的代价会很大的，你舍得吗?”

“没关系！我需要怎么做呢?”

“你需要付出生命。”

（六）

生命对于每个人来说太重要了！更何况柳笛只看了短短一个月的世界。

“没关系，只要我能帮助他们，干什么都可以！”

“好，我会给你一个星期的时间来享受这个世界。”

“嗯——”

该怎么跟妈妈说呢？如果太直白了，妈妈会很伤心的。柳笛决定写信。

（七）

妈妈看到柳笛这一个星期有些反常，每天晚上听完故事后都会假装睡觉，听到没动静后会起身写一些东西，而且还特别爱做家务。虽然柳笛每天放学回家后很高兴，可是，妈妈觉得柳笛好像有心事瞒着自己。

有一天，妈妈照常去叫柳笛起床，发现柳笛不见了。

“柳笛——柳笛——”妈妈忽然发现桌子上有一封信：给我最爱的妈妈。

妈妈拆开信，细细地读了起来。泪水打湿了信纸，隐约看到信的最后的一段文字：

妈妈，不要找我了。我希望自己做一个有用的人，我愿意用自己幼稚的双手去帮助更多的人，哪怕付出生命，我希望您为我骄傲。

（八）

柳笛走了，邻居们问柳笛的妈妈为什么不哭，她说她知道自己的好女儿柳笛还活着。

每到春天来临之时，孩子们都会迎着朝阳，吹着柳笛。柳笛声声，在大街小巷上回荡……

教师点评：文章语言流畅，感受真切，脉络清楚、中心明确。小作者宏大的叙事能力得以彰显，读后让人落泪。

——张晓东